소로의 속삭임

자연과 인간 12

헨리 데이비드 소로

김욱동 옮기고 엮음

소로의 속삭임

내가 자연을 사랑하는 이유

사이언스 북스
SCIENCE BOOKS

부모가 자식을 사랑하듯
자연을 사랑하는 모든 이에게
이 책을 바친다

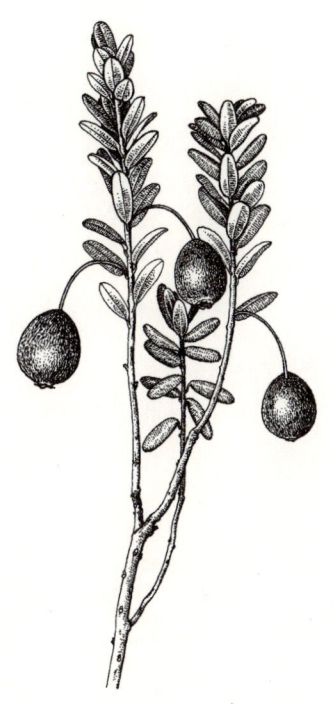

대지는 꽃을 통하여 웃는다

― **레이철 카슨**

책머리에

19세기 미국 시인 제임스 로월은 헨리 데이비드 소로(1817~1862년)를 두고 "에머슨의 과수원에서 낙과(落果)나 줍는 사람"이라고 혹평한 적이 있다. 소로는 독창성이 별로 없고, 한낱 선배 문인이요 철학자인 랠프 월도 에머슨의 사상을 모방하고 있다는 것이다. 에머슨의 사상과 비교해 보면 소로의 사상은 월든 호숫가에 소로가 손수 짓고 2년 2개월 동안 살았던 오두막집처럼 초라하고 보잘 것 없어 보일지도 모른다.

그러나 좀 더 따져 보면 로월의 주장은 적잖이 과장되어 있음이 드러난다. 같은 지역 같은 시대에 살면서 같은 시대정신을 호흡하며 에머슨의 초월주의의 세례를 받은 것은 사실이지만, 소로의 작품을 읽으면 읽을수록 그가 에머슨 못지않는 독창적인 문인이요 창조적인 사상가였음을 새삼 깨닫게 된다. 아니, 어떤 의미에서는 에머슨을 뛰어넘어 그 나름대로 사상 체계를 구축하고 있음을 알 수 있다. 영국의 전기 작가 헨리 솔트는 이제는 고전이 되다시피 한 소로 전기에서 일찍이 "소로의 재능이 결국에는 에머슨보다 더 높이 평가받게 될 것이다."라고 단언하였다. 20세기에 들어와 그의 예언은 사실로 밝혀지고 있다. 왠지 창백한 지성인 특유의 먹물 냄새가 나는 에머슨보다는 흙냄새 물씬 풍기는 소로가 더욱 인기를 끌고 있다.

그런가 하면 다른 이유로 소로의 업적을 깎아내리려는 사람들도 있다. 가령 한 학자는 소로가 친구와 콩코드 강가에서 잡은 물고기를 불을 피우고 구워 먹다가 산불을 내 120만 제곱미터나 되는 엄청난 숲을 태웠다는 사례를 들면서 자연을 보호하기는커녕 오히려 자연을 훼손한 장본인이라고 소로를 몰아세운다. 또한 2년 2개월 동안 월든 호숫가의 오두막에서 생활하였다는 것도 별 것이 아니라고 주장하기도 한다. 조금 과장하자면 오두막이 어머니가 부엌에서 밥 짓는 냄새를 맡을 정도로 가까울뿐더러 그가 하루가 멀다 하고 마을과 읍내로 내려왔다는 것이다. 인두세(人頭稅)를 내지 않아 콩코드 감옥에 감금된 것도 월든 호숫가에 머무는 동안에 일어난 일이었다고 지적한다.

그러나 이러한 비난은 소로의 업적을 일부러 깎아내린 혐의가 짙다. 숲을 태운 것은 어디까지나 실수로 빚어진 일이었을 뿐 전혀 고의로 한 일이 아니었다. 또한 월든 호숫가의 생활도 숲 속에서 캠프를 치고 생활한 것 이상의 훨씬 큰 의미를 지닌다. 그의 말대로 그가 숲으로 들어간 것은 "삶을 의도적으로 살아 보고 싶었기" 때문이었다. "삶의 본질적인 문제에만 직면하여 삶이 가르쳐 줘야 하는 것을 배울 수 없는지" 알아보기 위해서였던 것이다. 말하자면 숲 속의 생활은 하나의 "위대한 실험"이었다. 소로가 자주 마을이나 읍내로 내려왔다는 것도 그다지 문제가 되지 않는다. 그저 사회로부터 도피하기 위하여 숲 속에 들어간 것이 아니기 때문이다. 그에게 중요한 것은 물리적 거리가 아니라 심리적 거리요 정신적 거리였다.

개인을 억압하는 집단이나 제도에 맞서 개인의 자유를 최대한 보호하려고 하였다는 점에서도 소로는 높이 평가받을 만하다. 그의 낭만적 개인주의나 사회 개혁은 자연에 대한 깊은 사랑과 맞물려 있다. 초월주의자들이 보스턴 근교에 공동체 마을인 '브룩 팜'을 만들었을 때 소로는 이 공동체에 참여하지 않았다. "나는 천국에 공동체 생활을 하러 가기보다는 차라리 지옥에서 독신자의 공회당을 지키는 것이 더 낫다고 생각한다."라고 밝혔다. 그가 매사추세츠 주가 부과하는 인두세를 내지 않아서 감옥에 갇힌 것은 너무 유명하다. 국가에 낸 세금이 폭력을 행사하는 데 쓰인다면 차라리 세금을 내지 않고 감옥에 가는 것이 더 가치 있는 일이라고 생각하였기 때문이다. 인도의 영웅 마하트마 간디가 영국 식민주의에 맞서 무저항 운동을 펼칠 수 있었던 것도, 미국의 흑인 목사 마틴 루서 킹이 흑인 인권 운동을 펼칠 수 있었던 것도 소로에게서 받은 영향이 무척 컸다.

 소로는 『월든』의 결론 부분에서, 행진을 할 때 "어떤 사람이 다른 동료와 발을 맞추지 못한다면 그는 어쩌면 다른 고수(鼓手)의 북소리에 귀를 기울이고 있기 때문일는지 모른다."라고 말한다. 소로가 살던 시대의 가치관에서 보면 그는 분명히 낙오자요 이단자였다! 그는 19세기 중엽의 북소리가 아니라 앞으로 다가올 새 시대의 북소리에 발을 맞춰 행진하던 사람이었다. 이 점에서 보면 그는 참으로 예언자적인 사람이라고 할 만하다. 21세기의 문턱을 막 넘어선 지금 생태주의의 복음을 전하는 사도로 소로만큼 큰 영향력을 지니고 있는 사람도 아마 찾아보기 어려울 듯하다. 환경 운동이나 생태주의를 말할 때마다 이제 그의 이름은 마치 약방의 감초처럼 자주 입에 오르내린다. 어떤 때는 연인의 잔잔한 목소리로, 또 어떤 때는 웅변가의 사자후(獅子吼)로 우리에게 자연의 소중함을 새삼 일깨운다.

소로는 그다지 길다고 할 수 없는 삶을 살았지만 그가 남긴 저작의 양은 만만치가 않다. 가령 '숲 속의 생활'이라는 부제를 달고 있는 『월든』만 하여도 수백 쪽에 이르고, 그의 사상에서 보물 창고라고 할 『저널』은 몇십 권이나 된다. 여러 글에서 그가 구사하는 문장도 소박한 오두막과는 꽤 거리가 멀다. 서양 고전은 말할 것도 없고 동양 고전에서 폭넓게 인용할뿐더러 그 특유의 독특한 문장 스타일을 구사한다. 때로는 역설법이나 반어법 또는 말장난(펀) 같은 수사법에 크게 기대기도 한다. 또한 소로는 "시인의 눈뿐만 아니라 과학자의 눈으로" 자연과 인간 사회를 바라보려고 하였다. 그러다 보니 일반 독자들이 이해하기 어려운 구절이 적잖이 눈에 띈다. 한마디로 일반 독자들이 소로의 사상을 쉽게 이해하기란 생각보다 아주 어렵다.

지난 몇 해 전부터 나는 어떻게 하면 소로의 사상을 좀 더 쉽게 우리 독자들에게 전할 수 있을까 고심해 왔다. 그러다가 문득 생각해 낸 것이 그의 작품 가운데에서 주옥같은 글을 뽑아 그것에 대하여 짧은 해설을 덧붙이자는 것이었다. 문맥이나 맥락에서 벗어나 있다는 한계를 지니지만 촌철살인(寸鐵殺人)의 묘를 살릴 수도 있다는 생각이 들었던 것이다. 특히 영상 매체에 길들여진 요즈음의 젊은 독자들에게 관심을 불러일으키기 위하여 삽화를 곁들여 단순히 '읽는' 책뿐만 아니라 '보는' 책으로 만들고 싶었다.

환경 위기 문제가 그 어느 때보다 중요한 의제로 떠오르고 있는 지금 생태주의의 붐을 타고 소로의 책이 인기를 끌고 있다. 그러나 안타깝게도 시중에 나와 있는 번역판에서는 문법적인 오역도 오역이려니와

19세기 미국의 역사나 사회를 이해하지 못하여 빚어진 오역이 적잖이 눈에 띈다. 비록 부분적이지만 잘못된 번역을 고친다는 점에서도 이 책은 그 의미를 찾을 수도 있다. 이 작은 책이 독자들의 생태 의식을 불러일으키는 데 조금이나마 이바지할 수 있다면 편역자로서는 더 큰 보람과 기쁨이 없을 것이다.

2007년 봄
노스캐롤라이나 채플힐에서
김욱동

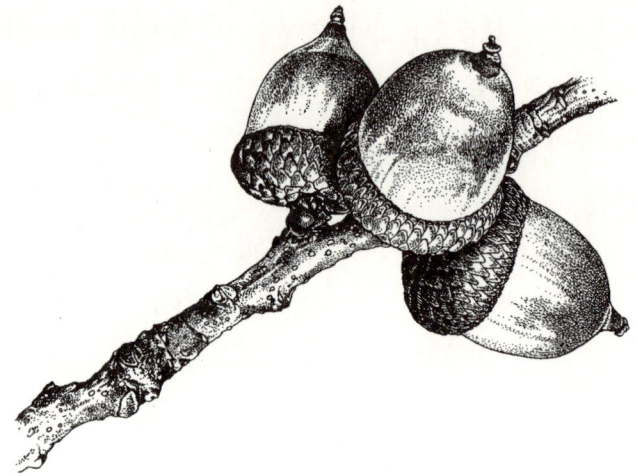

차례

책머리에 9

자연 17

인간 83

문명 103

교육 163

예술 185

종교 203

소로 연보 219

참고 문헌 223

자연

오늘 아침 잎사귀와 나뭇가지가 하나같이 반짝반짝 일렁거리고 있다. 탁 트인 벌판에 풀잎은 다이아몬드를 주렁주렁 매달고 있다. 발이라도 스치면 마치 딸랑 하고 즐거운 소리를 낼 것만 같다. 글자 그대로 보석을 부서뜨리고 수정을 깨뜨려 흩뿌려 놓은 모습이다. 마치 밤사이에 누가 땅을 한 꺼풀 벗겨내어 드러난 맑은 수정 층이 빛을 내뿜고 있는 듯하다. 발걸음을 옮길 때마다 풍경이 새롭다. 좌우로 고개를 돌릴 때마다 경치가 다르게 보인다. 단백석(蛋白石), 사파이어, 에메랄드, 벽옥(碧玉), 녹주석(綠柱石), 황옥, 루비가 곳곳에 널려 있다. 예나 지금이나 아름다움이란 로마나 아테네 그 어디가 아니라 아름다움을 느끼는 마음이 있는 곳이라면 어디에서라도 찾아볼 수 있는 것이 아닐까? 아름다움을 찾지 못하여 다른 곳으로 떠나는 여행은 한낱 부질없는 여행일는지 모른다. ─『저널』

    소로가 살던 매사추세츠 주 콩코드는 유난히 겨울이 길고 추운 곳이다. 눈이 많이 내리고 난 뒤 날씨가 풀리면 눈이 녹다가 얼어붙어 나뭇가지에 마치 보석처럼 맺는다. 한겨울에 눈이 얼었다 녹으면서 나뭇가지와 풀밭에 얼음이 매달려 있는 모습을 소로는 이렇게 아름답게 그린다. 나뭇가지와 풀잎에 매달린 수정처럼 이 글도 그야말로 찬란한 빛을 내뿜는다. 진리는 멀리 있지 않고 우리 가까이 있다고 하지만 아름다움도 이와 다르지 않은 듯하다. 이 글에서 소로는 아름다움이란 그것을 느끼는 마음이 있는 곳이라면 어디에라도 있다고 밝힌다. 주위에 있는 자연을 두고 아름다움을 찾아 멀리 여행을 떠나는 것이 어리석다고 말하는 까닭이다.

우리는 참다운 사회에서 점점 더 멀어지고 있다. 과거에는 침묵이 진실에 이르는 한 가지 방법이었다. 그러나 오늘날 사람끼리 만나 나누는 대화는 한낱 위로에 지나지 않는다. 인간은 머리가 아닌 발꿈치로 만나 만족을 얻는다. 서로 상대방을 잘 알고 1.6킬로미터 반경에서 함께 생활하며 같이 먹고 마시고 자는 그러한 지인(知人)들의 사교적 만남이나 작은 모임이라고 하여 이보다 더 나은 것은 아니다.

천상의 별의 인도를 받으며 설레는 마음으로 신들의 모임에 참석해도 환상은 곧 사라지고 만다. 처음에는 불로불사한다는 신의 음식이라고 여겼던 것이 그저 평범한 홍차와 생강빵 조금에 지나지 않았음을 깨닫게 된다.

거실보다는 전쟁터가 훨씬 쓸모가 있다. 전쟁터에서는 적어도 위선을 떨거나 격식을 차릴 틈이 없기 때문이다. 상대방을 의심하면서 서로 만나 손을 흔들고 코를 비빌 그러한 여유가 없는 것이다. 싸움이 격렬하면 격렬할수록 사람들은 더 진실해진다. 적어도 싸움터에서는 거짓 없는 인간의 한 단면을 엿볼 수 있다. 거실의 얼굴은 가면을 쓴 얼굴이다. ―『저널』

소로만큼 개인주의를 소중하게 여긴 사람도 아마 찾아보기 쉽지 않을 것이다. 공동체보다는 개인에게 무게를 싣는 그는 진리란 어디까지나 집단이 아닌 개인에게서 출발한다고 굳게 믿었다. 1841년에 몇몇 이상주의자들이 보스턴 근교에 공동체 '브룩 팜'을 만들었을 때에도 소로는 별로 달갑게 생각하지 않았다. "1.6킬로미터 반경 안에서 함께 생활하며 같이 먹고 마시고 자는 그러한 지인들의 사교적 만남"이란 바로 이러한 유형의 공동체를 가리킨다. 소로는 사회로부터 멀리 떨어져 있을 때 참다운 자아를 느낄 수 있다고 생각한다. 혼자 있을 때에는 위선의 가면을 모두 벗어 버릴 수 있기 때문이다.

여름날 한낮이 다 가도록 한적한 늪에 깊이 잠겨 이끼와 월귤나무의 향기로운 냄새를 맡으며 각다귀와 모기의 노래 소리에 마음을 달래는 것을 사치라고 할 수 있을까. 표범개구리와 열두 시간 동안 다정하고 친밀한 대화를 나누어 본다. 태양은 오리나무와 말채나무 뒤에서 솟아 세 뼘 정도 넓이의 자오선으로 씩씩하게 올라갔다가 서쪽 가파른 언덕 너머로 사라진다. 초록색 신전에서 울려 퍼지는 모기떼의 저녁 노래를 듣는다. 알락해오라기는 비밀 요새의 대포처럼 석양 속에서 불쑥 솟아오른다. 종일 늪에 잠겨 있는 것은 바싹 마른 모래 위를 걷는 것 만큼이나 유익할 수 있다. 냉기와 습기를 견디는 것도 온기와 건조함을 견디는 것 못지않게 좋은 경험이 될 수 있지 않을까? 그늘은 햇빛만큼 좋은 것이고, 밤 또한 대낮만큼 좋은 것이 아니겠는가? 독수리와 개똥지빠귀는 언제나 좋은 새로 대접받는데 왜 부엉이와 쏙독새는 좋은 새로 대접받지 못하는가? ―『저널』

소로에게는 봄·여름·가을·겨울 사계절이 모두 아름답다. 어느 계절 하나를 편애하지 않는다. 이 글에서 소로가 아름답기 그지없는 시골의 여름 풍경을 그리면서 온갖 나무와 풀이 우거진 숲을 "초록색 신전"이라고 부른다는 사실을 눈여겨볼 필요가 있다. 소로에게는 마을에 높이 지은 교회당만이 신전이 아니다. 숲도 얼마든지 신전이 될 수 있다. 저녁때가 되면 모기와 각다귀 떼들이 이 초록색 신전에 모여 거룩한 성가를 부른다. 풀 한 포기 나무 한 그루, 심지어 늪과 수렁에서도 신의 모습을 발견한다는 점에서 소로는 범신론자고 할 수 있다.

   소로가 편애하지 않는 것은 비단 계절만이 아니다. 그에게는 삼라만상이 하나같이 소중할 뿐 높고 낮음이 없다. 낮이 소중하면 밤도 소중하고, 온기와 건조함이 소중하다면 냉기와 습기도 소중하다. 독수리와 개똥지빠귀가 소중하다면 마땅히 부엉이와 쏙독새도 소중하다. 모두가 자연이라는 집안의 소중한 구성원이기 때문이다.

   9월의 오후. 벽에 등을 기대고 햇빛을 받으며 즐거이 묵상에 잠긴다. 바위 아래 웅크리고 앉아 귀뚜라미의 울음소리를 듣는 것도 무척 즐겁다. 요즈음에는 하루하루가 단순한 반복이 아니라 우연의 연속이라는 생각이 든다. 행복한 하루를 보내는 이런 조용한 저녁 무렵이면 시간이 그냥 제자리에 멈춰 서서 영영 흐르지 않을 것만 같다. 석양에 기우는 햇빛에 반사되어 금물결을 일으키는 마른 들판, 그리고 그 들판의 현삼(玄蔘)이 내 양식이다. 지금 자연의 모습은 자식에게 '젖을 먹이는 어머니'의 모습이라고밖에는 어떻게 달리 표현할 수 있으랴! —『저널』

초추(初秋)의 양광(陽光)을 받으며 벽에 등을 기대고 생각에 잠겨 있거나 바위 아래 웅크리고 앉아 귀뚜라미 소리를 듣는 소로의 모습에서 한 폭의 수채화가 떠오른다. 지금 그는 자연의 넉넉한 품안에 안겨 더없이 행복을 느낀다. 이곳에서는 아무리 눈을 씻고 찾아보아도 문명 사회의 티끌 한 점 찾아볼 수 없다. 자연의 모습을 갓난아이에게 "젖을 먹이는 어머니"의 모습으로 표현하는 것이 무척 흥미롭다. 자연은 인간에게 모든 것을 아낌없이 베풀어 주는 자애로운 어머니일 뿐이다. 그런데도 젖을 떼고 난 뒤 인간은 어머니의 은혜를 쉽게 잊어버리고 오히려 어머니를 괴롭히고 학대를 일삼기 일쑤다.

강 주위에는 개똥지빠귀가 요란하게 지저귀는 소리가 들린다. 아무리 보아도 찌르레기와 같은 종류의 새라고 생각되지 않는다. 개똥지빠귀는 친척이라고 할 찌르레기만큼은 점잖지 못하지만 청아함과 부드러움을 지니고 있으며, 몸에는 장교처럼 견장(肩章)을 달고 있다. 그 밖의 새들은 하사관이다. 공중을 날아가는 솜씨 하나만 보아도 금방 알 수 있다. 개똥지빠귀가 유유히 하늘에서 춤을 추고 한 나무 끝에서 다른 나무 끝으로 옮겨가는 모습은 마치 흐르는 듯한 곡조로 연주 중인 모습 같다. 찌르레기 종류는 귀에 거슬릴 정도로 깨지는 소리를 내는 반면, 개똥지빠귀의 지저귐은 맑고 날카롭다. —『저널』

소로가 싫어하는 새가 없지만 숲 속에서 사는 온갖 새 중에서도 유독 개똥지빠귀를 좋아한다. 개똥지빠귀가 군인처럼 어깨에 견장을 달고 있다는 표현이 재미있다. 자연 속에 사는 새에게 하필이면 왜 군대 같은 인간의 제도를 갖다 대느냐고 할지 모르지만 소로가 보기에 군대 계급으로 따지자면 개똥지빠귀는 장교에 해당하고 찌르레기를 비롯한 그 밖의 새들은 하사관이다. 모르긴 몰라도 나머지 참새 같은 새들은 아마 사병에 해당할 것이다. 그 모습이나 울음소리가 여느 다른 새들과는 크게 다르다는 점에서 개똥지빠귀는 장교라고 불린다. 군대가 유지되기 위해서는 장교와 하사관, 사병이 필요하듯이 숲에 사는 새들도 나름대로 어떤 위계질서가 필요할 것이다.

젊은 청년이 처녀를 사랑하듯 그렇게 자연을 사랑하는 것을 중요한 원칙으로 삼으면서 좀 더 오래 사랑할 수 있는 사람은 얼마나 드문가! 모든 자연은 나의 신부(新婦)다. 자연은 한 사람에게는 명백하고 유령같이 음산한 고독일 수 있지만 다른 사람에게는 달콤하고 부드럽고 상냥한 친구가 될 수 있다. —『저널』

자연은 자식에게 "젖을 먹이는" 자애로운 어머니이자 사랑스러운 "신부"이기도 하다. 소로는 "모든 자연은 나의 신부"라고 잘라 말한다. 19세기 미국 소설가 헨리 제임스는 신랑이 신부를 사랑하듯이 예술가는 아름다움을 사랑하여야 한다고 말한 적이 있다. 그러나 소로는 신랑이 신부를 사랑하듯이 인간은 자연을 사랑하여야 한다고 말한다. 똑같은 비유법을 구사하고 있으면서도 두 사람이 말하려고 하는 바는 하늘과 땅만큼 차이가 난다. 제임스가 예술에 무게를 싣는다면 소로는 자연에 무게를 싣는다. 어머니든 신부든 자연은 남성이 아니라 어디까지나 여성이라는 점도 눈여겨보아야 한다.

개똥지빠귀의 울음소리는 흘러가는 강과 횃대 밑에 잔잔하게 불어난 물결의 모습 그리고 물소리와 한데 어우러져 빼어난 조화를 이룬다. 개똥지빠귀는 강물에 표정을 부여한다. 개똥지빠귀가 앉아 있는 나무 사이로 강물이 멀리 뻗어 있어 나무는 마치 강물로 연주하는 물 오르간과도 같다. 음악 소리는 나무 파이프를 타고 하늘 높이 올라간다. ─『저널』

"푸른 종소리"니 "금빛 울음소리"니 하는 구절처럼 서로 다른 감각적 이미지를 하나로 결합하는 것을 두고 시에서는 공감각(共感覺)이라고 한다. 소로가 이 글에서 구사하는 공감적 이미지는 그야말로 찬란한 빛을 내뿜는다. 새 봄이 되어 개똥지빠귀가 앉아 울고 있는 나무 밑에서는 강물이 잔잔하게 흘러간다. 그 울음소리는 흘러가는 강물과 한데 어우러져 "빼어난 조화"를 만들어 낸다. 다시 말해서 시각 이미지와 청각 이미지가 서로 결합하여 아주 독특한 효과를 자아낸다. 언뜻 이질적인 것처럼 보일는지 모르지만 자연의 구성원들은 하나같이 조화와 균형을 꾀하고 있다.

이러한 자연의 '빼어난 조화'와 균형과 관련하여 소로는『저널』에서 "구름 없는 하늘은 꽃이 없는 들판이요, 돛단배가 없는 바다다."라고 말한 적이 있다. 또 다른『저널』에서도 "파랑새는 등에 하늘을 걸머지고 다닌다."라고 적었다. 구름과 하늘, 파랑새와 하늘은 꽃과 들판처럼, 돛단배와 바다처럼 떼려야 뗄 수 없을 만큼 깊이 연관되어 있다.

로링 숲에서 풍금조(風琴鳥)를 보았다. 초록색의 소나무와 푸른 하늘, 그리고 붉은 새의 선명한 대조! 그 노랫소리를 듣고 죽은 소나무 가지 위에 앉아 있는 풍금조를 목격할 때마다 나는 놀라움을 금치 못한다. 그 새는 어둡고 잎이 무성한 소나무를 좋아하는 것 같다. 마치 우리가 바라는 삼위일체(三位一體)처럼 초록색과 푸른색 그리고 붉은색의 그 멋진 대조! 나는 그만 도취되고 만다. 이제 숲은 내가 흔히 걷는 숲이 아니다. 풍금조는 콩코드 마을을 내 생각 속에 가라앉혀 두다시피 하였다. 풍금조 한 마리로 이 숲은 얼마나 야성적이 되며 얼마나 풍요로워지는가! 풍금조와 산누에나방으로 이곳은 열대가 된다. 딱새 울음소리에는 따스함이 스며 있지만 풍금조의 색깔과 울음소리에서는 브라질이 떠오른다. —『저널』

자연의 아름다움은 조화와 균형 못지않게 차이와 대조에서도 잘 드러난다. 풍금조의 붉은색은 소나무의 초록색, 하늘의 푸른색과 "선명하고 멋진" 대조를 이룬다. 삼원색에 가까운 이 세 빛깔에서 소로는 종교적 의미를 발견한다. 성부(聖父), 성자(聖子), 성령(聖靈)의 삼위일체 말이다. 이렇게 풍금조 한 마리가 평범한 숲에 기적을 만들어 낸다. 더구나 그는 풍금조의 붉은색을 바라보며 저 멀리 남국 브라질의 열대를 향하여 상상의 나래를 활짝 펼친다.

저 멀리, 아주 저 멀리 보이지 않는 숲 주변에서 까마귀 울음소리가 메아리치는 것이 어렴풋이 들린다. 태양이 땅에서 끌어올리는 봄 아지랑이 때문에 그 소리가 흐려진 듯하다. 시냇물이 다른 시냇물과 하나가 되듯, 까마귀 울음소리는 마을에서 나는 웅얼거리는 소리며 아이들이 놀면서 내는 소리와 한데 뒤섞이고, 야생의 소리와 길들여진 소리가 하나가 된다. 이 얼마나 듣기 좋은가! 단순히 까마귀가 까마귀를 부르는 것만이 아니라 나에게도 말을 걸고 있다. 나 자신도 그와 더불어 하나의 커다란 피조물 중 하나인 것이다. 그에게 목소리가 있다면, 나에게는 귀가 있다. 그가 소리를 내면 나는 듣는다. 그가 부르는 소리를 나는 알아들을 수 있다. 그리하여 봄마다 까마귀가 나를 향하여 울어도 나는 그를 향하여 총을 쏘거나 돌을 던지지 않는다. ─『저널』

자연의 소리는 비단 다른 자연의 소리와 조화와 균형을 꾀하는 것에 그치지 않고 문명의 소리와도 잘 어울린다. 소로는 이렇게 "야생"의 소리와 "길들여진" 문명의 소리가 한데 어울려 내는 소리를 무척 좋아한다. 어쩌면 야성의 그 소리가 문명의 잡음마저 자연의 소리로 만들어 버리기 때문인지 모른다. 더구나 소로는 까마귀가 단순히 다른 까마귀를 부르는 것이 아니라 자신에게도 말을 걸고 있다고 생각한다. 우리나라에서는 까마귀가 울면 불길한 일이 일어난다고 흉조(凶兆)로 여긴다. 그러나 소로에게는 그 까마귀마저 인간과 마찬가지로 피조물 중의 하나에 불과하다. 적어도 신이 창조해 낸 피조물이라는 점에서 까마귀와 인간은 크게 다를 것이 없다. 까마귀가 인간과 똑같은 자리를 차지하고 있다면 그에게 돌을 던지거나 총을 들이댈 수 없을 것이다.

이 거대한 대지와 비교해 볼 때, 비록 침묵하고 있지만 가장 단순하고 아둔해 보이는 곰팡이마저 우리에게 특별한 관심거리가 된다. 분명히 우리 자신과 유기적으로 관련을 맺고 있기 때문이다. 그것은 어떤 사상의 표현이다. 곰팡이는 어떤 법칙에 따라 성장이 이루어지니 결코 잠자고 있거나 미숙한 물질이 아니라 거기 깃든 영혼에서 영감을 받고 있는 물질이다. 만약 내가 흙 한 줌을 퍼 올렸을 때, 그 작은 알맹이 하나하나는 아무리 흥미롭다고 하더라도 다른 알맹이와의 다만 옆에 존재하는 관계에 지나지 않는다. 그리하여 그것을 모두 던져 버릴 수도 있을 것이다. 그러나 비록 가장 보잘것없는 곰팡이라고 할지라도 나처럼 살아가는 삶을 아마 거부하리라. 균류(菌類)의 삶은 그대로가 성공적인 한 편의 시다. —『저널』

　인간 세계와는 달라서 자연 세계에서는 귀한 것도 없고 천한 것도 없다. 자연의 법칙 앞에서 모든 피조물은 평등할 뿐이다. 소로는 곰팡이에도 특별한 관심을 보인다. 곰팡이는 인간과 어떤 "유기적 관계"를 맺고 있기 때문이다. 그 나름대로 법칙에 따라 성장하고 사멸한다. 그리하여 소로는 이러한 곰팡이를 두고 "성공적인 한 편의 시"라고 부르기에 이른다. 이렇게 곰팡이에게마저 가치를 부여하는 것이 여간 놀랍지 않다. 실제로 인간은 곰팡이에서 페니실린 같은 귀중한 항생제를 얻고 있다. 곰팡이가 이러하다면 침묵하지 않는 다른 피조물은 더 이상 말할 필요가 없을 것이다.

　우리는 태양이 경작지와 대초원, 삼림지대를 아무런 차별 없이 똑같이 내려다보고 있다는 사실을 자칫 잊어버린다. 그것들은 모두 태양 광선을 똑같이 반사하고 흡수한다. 인간의 경작지는 태양이 날마다 지나가면서 내려다보는 영광스러운 풍경의 일부분에 지나지 않는다. 태양의 눈에 이 지구는 정원처럼 공평하게 잘 가꾸어져 있다. 그러므로 우리는 태양의 빛과 열의 혜택을 그것에 맞는 믿음과 아량으로 받아들여야 한다. 내가 종자 콩을 소중하게 여기고 가을에 수확한다고 한들 그것이 무슨 대수이겠는가? 내가 그토록 오래 보살펴 온 드넓은 밭은 나를 중요한 경작자로 보지 않는다. 오히려 밭에 물을 주고

밭을 푸르게 만드는 다른 힘을 우러러본다. 내가 이 콩의 결실을 모조리 거두어들이는 것은 아니다. 콩의 일부는 마못을 위하여 자라고 있는 것이 아니겠는가? 밀의 이삭(ear of wheat, spike, 이 말은 '소망'을 뜻하는 라틴 어 '스피카(spica)'에서 유래하였다.)이 농부의 유일한 희망이 되어서는 안 된다. 그 낟알(grain, 이 말은 '낳는다'는 뜻의 '그라눔(granum)'에서 왔다.)만이 밀이 생산하는 전부도 아니다. 그렇다면 우리 농사가 실패하는 일이 있을까? 잡초의 씨앗이 새들의 주식이라면 잡초가 무성히 자라는 것도 내가 기뻐하여야 할 일이 아닌가? 밭농사가 잘 되어 농부의 창고를 가득 채우느냐 하는 것은 그렇게 중요한 일이 아니다. 올해 숲에 밤이 열릴 것인지 열리지 않을 것인지 다람쥐가 걱정을 하지 않듯, 참다운 농부라면 걱정에서 벗어나 자기 밭의 수확에 대한 권리를 모두 포기하고 첫 수확뿐만 아니라 마지막 수확까지도 마음속으로 제물로 바쳐야 할 것이다. ─『월든』,「콩밭」

　오늘날의 농부들은 수확을 극대화하기 위하여 온갖 노력을 아끼지 않는다. 화학 비료를 써 땅을 황폐화시키는가 하면, 제초제를 써서 잡초를 제거하기도 한다. 그러나 곰팡이까지 사랑하는 소로에게 콩을 재배하는 것은 단순한 욕망의 농사가 아니다. 밭에서 거두어들인 수확의 일부는 마못 같은 들짐승이 차지하여야 할 몫이기도 하다. 그보다 더 눈길을 끄는 것은 콩밭에서 잡초를 뽑기보다는 오히려 잡초가 무성히 자라는 것을 기뻐한다는 점이다. 콩이 인간의 주식이라면 잡초의 씨앗은 바로 새들의 주식이기 때문이다. 그렇다면 한해 농사가 실패하는 법이란 있을 수 없을 것이다. 올해에 인간이 좀 더 많은 먹이를 차지하였다면 이듬해에는 새들이 좀 더 많은 먹이를 차지할 뿐이다.

북아메리카 대륙에 오랫동안 살아 온 인디언들은 일찍이 세상에 잡초라는 풀은 존재하지 않는다고 보았다. 체로키 인디언 추장 '구르는 천둥'은 "문명인들은 자신들의 마음에 들지 않는 식물을 잡초라고 부르는데, 이 세상에 잡초라는 것은 없다. 모든 풀은 존중받아야 할 이유를 지니고 있고, 쓸모없는 풀이란 하나도 존재하지 않는다."라고 말했다.

철학 교수 자리를 헌신짝처럼 버리고 변산반도에서 농사를 짓고 있는 윤구병도 이 세상에 "잡초란 아예 없다."라고 못 박는다. 인간은 자신에게 쓸모 있느냐 그렇지 않으냐에 따라 어떤 식물을 잡초로 간주할 뿐이다. 한 사람에게 잡초인 것이 다른 사람에게는 소중한 약초가 될 수도 있다. 잡초에 대한 태도에서도 인간이 다른 피조물을 무시한 채 얼마나 자기중심적으로 살아가고 있는지를 잘 알 수 있다.

오늘 오후 페어헤이븐 언덕을 오르다가 톱질하는 소리를 들었다. 조금 뒤 벼랑에서 소리 나는 쪽을 내려다보니 저 아래 200미터쯤 떨어진 곳에 나무꾼 두 사람이 우람한 소나무 한 그루를 톱으로 자르고 있는 것이 아닌가. 나는 소나무가 쓰러지는 모습을 지켜보기로 하였다. 이 소나무는 예전에 우거진 숲을 벌목할 때 운 좋게 남겨진 열두어 그루 중 맨 마지막까지 살아남아 있던 나무였다. 그 소나무들은 지난 15년 동안 어린 나무들만이 자라는 땅을 내려다보면서 외롭지만 위엄을 지키며 바람에 흔들리고 있었다. 난쟁이 인형 같은 두 나무꾼이 나무 두께보다 더 길 것 같지 않은 동가리톱으로 나무를 자르는 모습은 마치 우람한 나무 밑동을 갉아먹고 있는 해리(海狸)나 벌레처럼 보였다. 나중에 가서 재 보니 이 나무는 높이가 무려 30미터가 넘었다. 우리 읍에서 자라는 가장 큰 나무 가운데 하나일 이 나무는 화살처럼 미끈하게 뻗었으며 언덕 쪽으로 약간 비스듬하게 서 있었다. 나무의 수관(樹冠)은 꽁꽁 얼어붙은 콩코드 강과 코넌텀 언덕에서도 보였다.

이 소나무가 이제까지 공중에서 차지하던 자리는 앞으로 200년 동안 텅 비어 있으리라. 소나무는 이제 단순한 목재에 지나지 않았다. 나무꾼은 하늘의 공기를 황폐하게 만든 것이다. 내년 봄 머스키타퀴드 강변을 다시 찾아올 물수리는 소나무 위에 자신이 늘 앉던 자리를 찾으려고 공중을 헛되이 맴돌 것이다. 그리고 솔개는 새끼들을 안전하게 보호해 주던 높은 소나무가 사라진 것을 슬퍼할 것이다. 완전한 모습으로 자라기까지 200년이나 걸린 나무가, 한 단계 한 단계 천천히 뻗어 올라 마침내 하늘까지 도달한 바로 그 나무가 오늘 사라져 버린 것이다. 소나무 꼭대기의 어린 가지들은 이번 정월의 따뜻한 날씨에 한껏 부풀어 오르지 않았던가? 마을에서는 왜 조종(弔鐘)을 울리지 않는가? 내 귀에는 아무런 종소리가 들리지 않는다. 마을 거리에도 숲 속의 오솔길에도 조문객의 행렬은 보이지 않는다. 다람쥐는 또 다른 나무로 뛰어 달아나고, 매는 저쪽에서 빙빙 돌다가 새로운 둥지에 내려앉는다. 그런데 나무꾼은 그 나무 밑동에 도끼질을 하려고 준비를 하고 있다. ―「한 소나무의 죽음」

　매사추세츠 주 콩코드의 페어헤이븐 언덕에 있는 오래된 소나무 한 그루가 잘려 나가는 광경을 보고 쓴 글이다. 자본주의의 손길은 마침내 시골 마을인 콩코드에까지 뻗쳐 재목을 얻기 위하여 소나무를 마구 베어 낸다. 무려 200여 년 동안이나 자란 소나무가 잘려 나가는 것을 지켜보면서 소로는 마치 다정한 친구를 잃어버린 것처럼 크나큰 슬픔을 느낀다. 사람이 죽었을 때에는 조종을 울리고 장의(葬儀) 행렬을 벌이면서도 소나무를 죽이고는 아무 일도 하지 않는 것이 소로에게는 이상하다. 소나무는 소로에게는 친구였지만 물수리·솔개·다람쥐 같은 동물에게는 집이자 놀이터였다. 소나무가 줄기를 뻗고 있던 하늘마저도 텅 비어 있는 것 같다. 그러나 자본가나 그의 하수인이라고 할 나무꾼에게 소나무는 한낱 시장에 내다 파는 상품일 따름이다. 이 유명한 글은 소로가 1851년 12월 30일 『저널』에 썼던 것을 그대로 옮긴 것이다.

　내가 말하는 서부란 다만 황야를 가리키는 또 다른 이름에 지나지 않는다. 내가 말하려는 것은 바로 황야 속에 이 세계가 보존된다는 점이다. 모든 나무는 야성을 찾아 섬유 조직을 뻗는다. 도시는 어떤 대가를 치르고라도 그것을 들여온다. 사람들은 그것을 위하여 쟁기질을 하고 돛을 세운다. 숲과 황야로부터 인류의 기운을 돋우는 강

장제와 나무껍질이 온다. 우리 선조는 야만인이었다. 늑대의 젖을 먹고 자랐다는 로물루스와 레무스의 이야기는 부질없는 우화가 아니다. 모든 유명한 건국자들은 이와 비슷한 야성적인 기원에서 자양분과 힘을 얻어 왔다. 제국의 후예가 북부의 삼림 지방에 사는 후예에게 정복당하고 나라를 빼앗긴 것은 늑대의 젖을 먹지 않았기 때문이다.

나는 숲을 믿고 초원을 믿으며 또 옥수수가 자라는 밤을 믿는다. 우리는 우리가 마시는 차(茶)에 헴록이나 가문비나무 또는 생명수(生命樹)를 주입할 필요가 있다. 힘을 얻기 위하여 먹고 마시는 것과 단순히 폭식과 폭음을 위하여 먹고 마시는 것은 다르다. 남아프리카의 호텐토트 족은 얼룩영양의 골수를 게걸스럽게 날로 즐겨 먹는다. 북부에 사는 어떤 인디언들은 북극 사슴의 골수를 날로 먹을 뿐만 아니라 부드러운 사슴 뿔 끄트머리를 포함하여 여러 다른 부위도 먹는다. 이 점에서 어쩌면 그들은 프랑스 파리의 요리사들을 앞지른 것인지도 모른다. 그들은 불을 피우는 데 흔히 사용하는 연료를 먹이로 삼는다. 인간을 만드는 데에는 아마도 이러한 고기들이 외양간에서 먹이를 주어 키운 쇠고기와 도살장의 돼지고기보다 더 나을는지도 모른다. 어떠한 문명도 그 눈길을 참을 수 없는 황야를 나에게 달라. 마치 우리가 얼룩영양의 골수를 날로 먹고 살아가는 것처럼 말이다. ─「산책」

'문명'의 반대말이라고 하면 흔히 '원시'니 '야만'이니 '야성'이니 하는 말을 생각하게 된다. 단순한 반대말 정도가 아니라 이항 대립적 관계를 맺고 있다. 이항 대립적 관계에 있는 말들이 으레 그러하듯이 이 두 가지 가운데에서 유독 어느 한쪽에 무게가 실려 있다. 현대인들은

'원시'나 '야만' 또는 '야성'이라는 말만 들어도 고개를 내젓는다. 그런데 소로는 바로 여기에 세계를 살리는 길이 들어 있다고 외친다. 이 말을 뒤집어 보면 문명은 이 세계를 파멸로 이끄는 지름길이라는 뜻이 된다. 소로가 왜 그토록 서부 개척을 의혹의 눈길로 바라보았는지 알 만하다. 아무리 세련된 문명인이라고 할지라도 한 꺼풀만 벗겨 놓고 보면 야성을 지닌 원시인임이 드러난다. 로마 신화에 따르면 로마를 세운 로물루스는 최초의 왕이었는데 쌍둥이 형제 레무스와 함께 들판에서 늑대의 젖을 먹으며 자라났다고 전해진다. 이렇듯 소로는 인간의 조상이 야만인이었다는 사실을 새삼 일깨운다.

계절이 순환하는 대로 저마다의 계절 속에서 살도록 하라. 계절의 공기를 호흡하고 계절의 음료를 마시며 계절의 과일을 맛보아라. 각 계절의 영향에 당신 자신을 맡겨라. 계절이 당신의 유일한 식품이며 음료며 약초가 되게 하라. 8월에는 딸기를 먹고 살아라. 육포와 페미컨(말린 쇠고기와 과실, 지방을 빵처럼 만든 것 — 옮긴이)으로 살아가려고 하지 마라. 그것들은 배를 타고 망망대해를 항해하거나 북부의 끝없는 사막 지대를 통과할 때나 필요한 것이다. 땀구멍을 모두 열어젖히고 사계절 내내 자연의 모든 시내와 대양과 조수에 목욕을 하라. 독기와 병마는 우리 내부에서 오는 법이다. 자연의 거대한 영향력을 흡수하기는커녕 부자연스러운 생활만 계속하다가 거의 죽음 직전에 이른 환자는 특별한 식물로 끓인 차를 마시면서 여전히 부자연스러운 생활을 계속한다. 그는 한편으로는 아끼면서 다른 한편으로는 낭비한다. 그는 자연과 삶을 사랑하지 않는다. 그래서 죽는 것이다. 어떤 의사도 그를 낫게 할 수는 없다. 봄과 함께 파릇파릇해지고, 가을과 함께 노랗게 익어 가라! 각 계절의 영양분을 보약처럼 들이켜라. 그것이야말로 그대들을 위하여 특별히 조제한 진정한 만병통치약이다. 여름이 제공하는 음식을 먹고 병든 사람은 없다. 지하 저장실에 보관해 놓은 음식이 사람을 병들게 하는 것이다. 과실주를 마셔라. 당신이 염소 가죽이나 돼지 가죽에 담근 술이 아니라, 자연이 무수히 많은 싱싱한 딸기 껍질 속에 담가 놓은 술을 마셔라. 자연이 음식 저장 용기가 되게 하고, 음식을 절이는 소금이 되게 하라. 자연은 우리를 건강하게 하기 위하여 순간순간 최선을 다하고 있다. 자연은 그 외의 다른 목적을 위하여 존재하지 않는다. 그러므로 자연을 거부하지 마라. 일부러 건강해지려고 애쓰지 않을수록 병드는 일도 없게 된다. 인간은 이제 겨우 몇 가지 자연 식품이 건강에 좋다는 사실을 발견하였을 뿐이다. 그러나 자연 자체가 우리 몸에 좋다는 것은 아직 깨닫지 못하고 있다. '자연'은 건강의 또 다른 이름에 지나지 않으며, 각각의 계절은 건강의 각기 다른 상태에 지나지 않는다. 봄, 여름, 가을, 겨울 중에서 특정한 계절이 몸에 맞지 않는다고 생각하는 사람들도 있다. 사람들은 그것이 계절 탓이 아니라 자기 자신 탓이라는 사실을 까맣게 잊고 살아간다. ─『저널』

최근 들어 '웰빙'이라는 말을 부쩍 많이 듣는다. 주거 공간, 음식, 심지어 가전제품까지 웰빙이라는 말이 들어가지 않으면 제대로 맥을 못

춘다. 지금 이 웰빙이라는 말이 상업주의에 편승하여 마치 부적처럼 쓰이고 있다. '쓰레기 음식' 파동 이후 유기농법으로 재배한 식품이 날개 돋친 듯 팔려나간다. 그만큼 인간의 건강이 그 어느 때보다 위협받고 있다는 반증이다. 그러나 소로는 자연이야말로 '진정한 만병통치약'이라고 일깨워 준다. 자연에서 얻는 몇몇 식품에 그치지 않고 자연 그 자체가 보약이라는 것이다. 각각의 계절에 순응하는 것이 곧 보약을 먹는 것이다. "봄과 함께 파릇파릇해지고, 가을과 함께 노랗게 익어 가라!"라고 부르짖는 까닭이다. 소로의 이 말은 '웰빙'의 참뜻을 다시 한 번 곰곰이 되새겨보게 한다.

산을 넘어오다 개똥지빠귀가 저녁 노래를 부르는 소리를 듣는다. 나를 감동시킬 노래를 부르는 새는 이 새밖에는 없다. 그의 노래는 내 환영(幻影)과 상상과 사고의 흐름, 그리고 그것들의 방향에 큰 영향을 끼친다. 그 소리는 나를 고양시키는가 하면, 내 원기를 북돋아 나를 고무시킨다. 그 소리는 내 영혼이 복용하는 약이다. 내 눈을 맑게 하는 특효약이요, 내 감각을 젊게 유지시키는 샘물이다. 그 소리는 모든 시간을 영원한 아침으로 바꾸어 놓는다. 하찮은 것들은 모두 사라져 버린다. 본래의 모습으로 나를 되돌리고 나를 창조의 주인으로 만든다. 개똥지빠귀는 궁정의 악장(樂長)이다. 이 음유 시인은 영웅들의 시대를 노래한다. 마을의 어떤 사건도 동시대의 사건일 수 없다. 마을의 사건들이란 기껏해야 일시적인 사건일 뿐인데 어떻게 개똥지빠귀의 노래와 동시대적인 사건이 될 수 있겠는가? 영원하고 무한한 것이 어떻게 유한하고 일시적인 것과 동시대의 사건이 될 수 있단 말인가? 소 모가지에 단 방울소리에도 이와 비슷한 어떤 것이 들어 있다. 농부가 먹는 우유보다도 더 달콤하고 자양분이 많은 그 어떤 것 말이다. 개똥지빠귀의 노래는 스위스 목동이 부는 뿔피리 소리의 일종이다. 나는 오랫동안 야생을 그리워하며 살아 왔다. 내 발로 그냥 지나쳐갈 수 없는 끝없는 자연, 개똥지빠귀들의 노래가 영원히 그치지 않고 시간이 늘 아침에 머물러 있는 숲 말이다. 풀에는 이슬이 맺혀 있고 낮은 영원히 완성되지 않는다. 그곳에서 나는 비옥한 땅을 내 주변에 두고 있을 것이다. 어쩌면 소 떼를 먹이고 있을는지도 모른다. 먹을 것과 입을 것과 잠자리만 마련된다면 거기에서 죽을 때까지 아르메토스의 양떼를 돌보아 줄 수도 있다. —『저널』

흔히 '로빈'이라고도 하는 새는 유럽울새 또는 개똥지빠귀라고 불린다. 참새목 딱샛과에 속하는 새로 몸의 윗면은 갈색이고 얼굴과 가슴은 오렌지색, 배는 흰색이다. 자연이 보약이요 만병통치약이라고 생각하는 소로에게 개똥지빠귀가 부르는 노래는 더할 나위 없이 좋은 약이다. 그는 숲 속에 사는 모든 새의 노랫소리를 좋아하지만 특히 개똥지빠귀의 소리를 좋아한다. 개똥지빠귀의 노랫소리를 두고 소로는 "내 눈을 맑게 하는 특효약이요 내 감각을 젊게 유지시켜 주는 샘물"이라고 말한다. 진(秦)나라의 진시황이 그토록 찾으려고 하였던 불로초가 바로 자연인 셈이다. 소로는 더 나아가 개똥지빠귀의 소리가 육체의 질병을 치료하는 약일뿐더러 영혼의 치유하는 약이라고도 말한다. 그리하여 이 새가 지저귀는 소리를 "내 영혼이 복용하는 약"이라고 부른다. 마침내 그 노랫소리는 소로를 "창조의 주인", 즉 신의 경지로까지 끌어올린다.

멀리서 개똥지빠귀의 노랫소리가 들려 왔다. 몇천 년 만에 처음 듣는 것처럼 느껴졌고, 앞으로 몇천 년이 지나더라도 그 노랫소리를 차마 잊을 수 없을 것 같았다. 그 옛날과 마찬가지로 아름답고 힘찬 그 노랫소리 말이다. 아, 뉴잉글랜드의 여름날이 저물 무렵의 저녁 개똥지빠귀! 그 새가 앉아 있는 나뭇가지를 찾아낼 수만 있다면 얼마나 좋을까! 적어도 이 새는 학명이 투르두스 미그라토리우스(*Turdus migratorius*)인 새는 아니다. 오랫동안 축 늘어져 있는 내 집 주위의 리기다소나무들과 붉은참나무들이 갑자기 본래의 특성을 되찾고 마치 비에 씻겨 건강을 되찾은 것처럼 빛깔이 좀 더 선명해지고 좀 더 푸르러졌으며 좀 더 꼿꼿해지고 생기가 흘러 넘쳤다. 마치 비에 씻겨 건강을 되찾은 것 같았다. 이제 비가 더 이상 내리지 않을 것이다. 숲 속의 나뭇가지 하나를 보아도, 아니 집 옆의 장작더미를 보아도 겨울이 지났는지 아닌지 금방 알 수 있다. 사방이 어두워졌을 때 나는 숲 위를 나지막하게 날아가는 기러기들의 울음소리에 깜짝 놀랐다. 먼 남쪽 호수로부터 날아온 이 새들은 피곤한 나그네처럼 늦은 시간에 쉴 곳을 찾고 있었는데, 이제는 마음 놓고 불평을 터뜨리는가 하면 서로를 위로해 주기도 하였다. 문 앞에 서서 나는 기러기들의 날개소리까지 들을 수 있었다. 기러기들은 내 집 가까이까지 날아오다가 갑자기 불빛을 보고는 시끄러운 소리를 낮추더니 방향을 바꾸어 호수에 내려앉았다. 나도 집 안으로 들어가 문을 닫았다. 그러고는 숲 속에서 첫 봄날 밤을 보냈다.

―『월든』,「봄」

    개똥지빠귀는 비단 인간에게만 특효약 구실을 하지 않는다. 인간이 아닌 다른 피조물에게도 없어서는 안 될 소중한 존재다. 이 새가 숲에서 노래를 부르자마자 축 처져 있던 송진소나무와 관목떡갈나무가 갑자기 생기를 되찾는다. 나무 빛깔이 갑자기 좀 더 푸르러지고 생기가 흘러넘친다. 투르두스 미그라토리우스라는 학명도 무척 흥미롭다. '옮겨 다니는 똥'이라는 뜻을 지니고 있다. '지빠귀'라는 말에다 '개똥'이라는 말을 덧붙인 까닭이 바로 여기에 있다. 주로 추운 북방에서 사는 이 새는 겨울이 되면 따뜻한 남쪽으로 옮겨와 겨울을 나는 철새다.

    그런데 주로 곤충이나 나무열매를 먹고사는 새인데도 하필이면 왜 '개똥'이라는 달갑지 않은 말을 붙였을까. 우리말 중에 '개'라는 말이 들어가는 말치고 좋은 말이 하나도 없는데 거기다가 '똥'이라는 말까지 덧붙여 놓았으니 오죽하겠는가. 노랫소리와 모습이 아름답기 그지없는 새에게 '개똥'이라는 말을 붙여 주는 것은 아무래도 지나치다고 아니할 수 없다. 요즈음 언어 생태학 분야에서는 이른바 '생태적 개명(改名)'이라고 하여 인간 중심주의적으로 붙인 이름을 다시 고쳐 부르는 운동이 일어나고 있다. 이 새에게도 새로운 이름을 붙여 주어야 하지 않을까. 그런데 좀 더 생각해 보면 우리가 어떤 이름을 붙이든 개똥지빠귀가 상관이나 할까?

5월의 공기를 들이 마신 기억이 떠오른다. 그 기억 때문에 지금의 나와 예전의 내가 다르다는 느낌이 든다. 숲 속의 개똥지빠귀는 플라톤이나 아리스토텔레스보다 더 현대적인 철학자다. 플라톤과 아리스토텔레스의 이론은 이제 독단이 되었지만 개똥지빠귀는 지금 이 순간의 신념을 가르쳐 준다.

자연은 우리의 슬픔을 동정하지 않는다. 자연은 슬픔을 받아들일 준비가 되어 있지 않다. 오히려 자연은 슬픔을 감출 수 있는 많은 방법을 마련해 놓았다. 자연은 눈물이 뺨 위로 흘러내리지 않도록 우리의 눈썹 끝을 비스듬하게 만들었던 것이다. ―『저널』

영국 태생의 미국의 철학자 앨프리드 노스 화이트헤드는 현대 철학이란 따지고 보면 결국 저 고대 그리스 시대의 철학자 플라톤과 그의 제자 아리스토텔레스에 대한 각주(脚註)에 지나지 않는다고 말하여 철학자들을 당혹스럽게 한 적이 있다. 소로는 화이트헤드보다 한 발 더 나가 개똥지빠귀야말로 플라톤이나 아리스토텔레스보다 더 "현대적인 철학자"라고 밝힌다. 플라톤과 아리스토텔레스의 철학은 이제 독단으로 굳어져 버렸지만 숲 속에서 즐겁게 노래 부르고 있는 개똥지빠귀는 '지금 여기'의 현세의 철학을 가르치고 있다는 것이다. 서양 철학의 할아버지와 아버지의 사상이 화석과 같다면, 개똥을 실어 나른다는 새 개똥지빠귀의 노래는 우뭇가사리처럼 부드럽기만 하다.

우리 시인 정현종은 「올해도 뻐꾸기는 날아왔다」에서 뻐꾸기의 울음소리를 두고 "네 소리의 경전(經典)에 비하면 다른 경전들은 많이 불순하다."라고 노래한다. 놀랍게도 그는 뻐꾸기 소리를 성인(聖人)의 언행을 기록한 책이거나 종교의 교리를 기록한 책인 경전에 견주는 것이다. 견주는 것에 그치지 않고 그러한 교리와 비교해 볼 때 훨씬 순수하다고 밝힌다. 자칫 신성 모독적으로 들릴는지 모르지만 이 구절은 귀담아 들을 필요가 있다.

서리가 이 잎들을 살짝 건드리고 난 다음날이면 바람이 조금만 불거나 지축이 조금만 흔들려도 잎들이 소나기처럼 후드득후드득 떨어져 내리는 모습을 보라! 이제 땅은 온통 낙엽의 온갖 색깔로 알록달록 물들어 있다. 그러나 낙엽은 그대로 죽어 가는 것이 아니라 흙 속에 살아남아 흙의 생산력과 부피를 키워 준다. 또한 그 흙에서 뻗어 오르는 숲에서도 낙엽의 삶은 이어진다. 나뭇잎들은 자신의 몸을 굽히지만 그것은 어디까지나 미래에 더 높이 오르기 위해서이다. 그들은 신비로운 화학 작용에 따라 수액으로 변해 나무의 몸속을 오른다. 그리하여 어린 나무의 첫 번째 결실로 땅에 떨어진 나뭇잎은 변신에 변신을 거듭한 끝에 그 나무가 뒷날 숲의 왕자로 자랄 때 그 수관

(樹冠)을 장식하게 될는지도 모른다.

갓 떨어진 싱그러운 낙엽이 깔린 침대 같은 땅을 바스락거리며 걷는 것은 참으로 기분 좋은 일이다. 낙엽이 무덤으로 가는 길은 얼마나 아름다운가! 그들은 얼마나 사뿐히 땅에 자신을 눕히고 흙으로 돌아가는가! 온갖 색깔로 치장하고 살아 있는 우리를 위해 침대처럼 부드러운 땅을 만드는 데 안성맞춤인 상태로 말이다. 이렇게 낙엽은 가볍고 쾌활하게 자신의 무덤으로 떼를 지어 몰려간다. 그들은 수의(壽衣)를 입지 않는다. 땅 위를 이리저리 즐겁게 뛰어다니며 숲 전체에 자신의 이야기를 속삭이다가 적당한 장소를 골라잡는다. 무덤 주위를 장식할 쇠 울타리를 주문하지 않으며, 그 장소에 대하여 온 숲에 소문을 퍼뜨린다. 어떤 낙엽은 사람들의 육신이 땅 속에 썩어 가고 있는 바로 무덤 위를 장소로 택하여 그들을 도중에서 마중하기도 한다. 낙엽은 자신의 무덤에서 편히 쉬기 전까지 얼마나 오랫동안 하늘 높이 공중에 솟아 있었던가! 그들은 이제 얼마나 만족스러운 마음으로 다시 땅으로 돌아와 자신의 몸을 낮추고 나무 밑동에 몸을 눕히고 썩어 하늘에서 파닥거리던 때만큼 새로운 세대를 위하여 자양분을 제공하는가! 낙엽은 우리 인간에게 죽음을 맞이하는 방법을 가르쳐 준다. 인간은 자신의 불멸을 자랑하지만 낙엽처럼 그렇게 우아하고 성숙한 마음으로 죽음을 맞이할 날이 과연 언제쯤 오게 될까. 머리카락과 손톱을 깎듯 늦가을에 갑자기 찾아오는 여름날처럼 평온한 마음으로 자신의 육신을 벗어 버릴 그 날이 과연 오게 될까.

잎들이 떨어질 때에는 온 지구가 걸어 다니기에 즐거운 공동묘지로 바뀐다. 나는 여기저기를 거닐며 무덤에 묻힌 나뭇잎들을 생각하며 사색에 잠기기를 좋아한다. 이곳에는 거짓투성이거나 허세에 가득 찬 묘비명은 없다. 당신이 설령 오번 산에 묏자리를 갖지 못한다고 한들 그것이 무슨 대수란 말인가? 당신 몫의 땅은 예로부터 신성한 땅으로 알려진 이 거대한 어딘가에 틀림없이 있을 것이다. —「가을의 빛깔」

　소로는 늦가을 나뭇잎이 나무에서 떨어져 땅 위에서 썩어 가는 과정에서 아주 귀중한 교훈을 얻는다. 낙엽은 그에게 "죽음을 맞이하는 방법"을 가르쳐 준다. 낙엽이 흙 속에서 썩기까지의 과정은 하나하나가 자기희생이다. 나무에 매달려 있을 때는 그 화려한 빛깔로 사람들의 눈을 즐겁게 하고, 땅에 떨어져서는 그 위에 자라는 온갖 식물에 자양분을 공급한다. 낙엽과 비교하여 인간은 어떠한가? 살아 있을 때는 온갖 방법으로 자연을 더럽히고 죽어서도 "우아하게 성숙한 마음으로" 육신의 옷을 벗지 않는다. 장의(葬儀)를 사회적 신분이나 재산을 과시하는 기회로 삼는 현대인에게 소로의 낙엽 예찬은 시사하는 바 자못 크다. 소로는 이 글을 쓰면서 1853년 10월 20일에 적은 『저널』에서 상당 부분을 취해 왔다.

　호수는 자연의 가슴에 달린 거울이다. 그 앞에서는 아무것도 숨길 수 없으며, 숲에서 일어난 모든 죄악은 그 안에서 깨끗하게 정화된다. 호숫가에 원형 극장처럼 자리 잡고 있는 숲을 보라. 자연의 온갖 온화함이 경합을 벌이는 곳, 호수는 대지의 얼굴에 붙어 있는 눈[眼]이다. 푸른색에서 회색으로, 다시 검은색으로 시간이 지나면서 색깔을 바꾼다. 밤에는 그림자를 길게 늘여 12미터도 넘게 만들어 놓는다.

호수는 숲의 심장부이기 때문에 나무들은 여행자들의 발길을 그 호숫가로 인도한다. 그곳으로 이어지지 않는 길이란 없다. 새들의 쉼터며 네발 짐승들의 피난처다. 대지조차 호수를 향하여 마음을 활짝 열어 놓고 있다. 그곳은 자연의 응접실, 여자들의 거울이다. 아침이면 태양은 수증기를 흩뿌려 호수 수면을 희미하게 감싼다. 끊임없이 새롭게 솟아오르는 신선한 수면. 숲의 진흙과 겨울 동안 수북이 쌓인 불순물을 깨끗이 씻어 주고도 봄이 되면 투명한 물로 새롭게 단장하는 자연의 그 질서와 정갈함을 생각하면 말할 수 없이 기분이 좋아진다. ─『저널』

소로는 『월든』에서 호수를 "대지의 눈"이라고 불렀다. 그런데 이 글에서는 "대지의 눈"이라고 부를 뿐만 아니라 더 나아가 "자연의 가슴에 달린 거울"이라고 부른다. 눈이건 거울이건 호수는 사물을 바라보거나 비추는 것임에 틀림없다. 소로가 2년이 넘도록 월든 호숫가에 오두막을 짓고 산 것도 이 호수라는 눈과 거울을 통하여 문명 사회를 새로운 눈으로 바라보기 위해서였다. 또한 호수를 "숲의 심장부"라고 표현하는 것도 흥미롭다. 심장이 없는 사람을 상상할 수 없듯이 호수 없는 숲도 상상하기 어려울 것이다. 인간의 심장이 몸 곳곳에 깨끗한 피를 공급해 주듯이 호수는 대지의 불순물을 정화시키고 자연에 맑은 물을 공급해 준다.

몇몇 역사가는 인디언을 아주 낮게 평가하였다. 기술도 지식도 부족한데다 인간성도 저급하고 너무 야만적이어서 기록으로 남길 만한 가치가 없다고 치부해 버렸다. 인디언을 두고 그들이 사용한 수식어들은 하나같이 '불쌍한'이니 '하찮은', '가련한'이라는 말뿐이었다. 이 나라의 역사를 기록한 그들의 글을 보면 너무 성급하게 '인간성의 결여'라는 결론에 도달하였다. 그러나 이러한 결론은 해안에서 내륙 지방까지 더럽히고 훼손해 온 장본인들에게나 어울린다.

한낱 토착 동물이라고 하여도 우리에게는 한없이 흥미로운 존재다. 하물며 이곳의 토착민은 두말할 나위가 없지 않은가! 차이점보다는 유사점이 훨씬 더 많은 그 야성의 사람들이 우리보다 먼저 이 해안에 살고 있었다면, 그들의 삶의 방식은 어떠하였고 어떤 규범에 따라 생활하였으며 자연과 어떠한 관계를 맺고 있었는지, 또한 그들의 예술과 풍습, 환상과 미신은 어떠한 것이었는지 알고 싶다. 그들은 이 강과 호수 위를 노 저어 다녔으며, 이 숲 속을 거닐었고, 바다와 숲에 얽힌 그들만의 전설과 믿음을 간직하고 있었다. 동양 우화 못지않게 우리의 관심을 끄는 부분들이다. 그러나 누구보다도 자주 인간성을 역설하는 역사가들은 총 대신 펜을 들었다는 차이만 있을 뿐 들짐승을 잡듯이 인디언들에게 총구를 겨누는 사냥꾼, 황무지를 개간하는 사람들, 금을 캐는 사람들과 조금도 다를 바 없다. 역사가들은 그들 못지않게 잔혹하고 무자비한 짓을 저지르고 있다. ─『저널』

크리스토퍼 콜럼버스가 신대륙을 '발견'하기 전부터 오랫동안 이곳에 살아온 인디언에게 백인들의 이주는 재앙과 다름없었다. 백인이 서부 개척을 하면서 인디언들은 점차 삶의 터전을 빼앗긴 채 서쪽으로 서쪽으로 밀려나갈 수밖에 없었다. 한 인디언 추장은 백인들에게 땅을 빼앗긴 나머지 그 광활한 땅이 "이제 담요 한 장 깔 수 없는 지경에 이르렀다."라고 한탄하였다. 지금은 '인디언 보호 구역'이라고 하여 그들을 사막 지대에 몰아넣어 두고 있다.

역사는 어디까지나 정복자의 손이 기술하는 것이기 때문에 인디언의 역사도 왜곡되지 않을 수 없었다. 소로는 백인 역사가들이 자신들에게 유리하게 역사를 기록하는 한편, 인디언들을 폄하하여 낮게 기술하여 왔다고 지적한다. 인디언의 입장에서 보면 콜럼버스가 신대륙을 '발견'한 것이 아니라 오히려 '침략'하였다고 하여야 맞을 것이다. 잔혹하고 무지비한 짓으로 말하자면 오히려 백인 역사가들이 인디언 못지않거나 더 하다. 소로가 역사가를 두고 "총 대신 펜을 들었다."라고 말하는 까닭이다.

인디언들에게는 쟁기로 땅을 일구는 것 말고는 살아남을 방도가 없었다. 태평양으로 내몰리지 않기 위해서는 작살과 총, 화살이 아닌 쟁기를 붙잡아야 하였다. 기독교 유일신 신앙이 그들을 구원하러 들어왔기 때문이다. 운명의 목소리는 근엄하였다. "이 땅의 주인으로 남으려면 사냥꾼으로 살기를 포기하고 한 단계 아래로 내려가 농사꾼의 삶을 택하라. 땅 속에 깊이 뿌리를 내려라."라고 말이다.

내가 인디언과 사냥꾼에게 꽤 호감을 가지고 있다는 사실은 인정한다. 그들은 우리와 똑같이 존경받을 만한 독특한 사람들이다. 방랑과 사냥의 습성을 타고난 그들에게 미명의 백인 문명을 주입해서는 안 된다. 프랑스 선교사 르 준 신부는 다음과 같이 충고하였다. "인디언들의 지력(知力)은 이 무렵의 프랑스 농부들보다 우월하였다. …… 프랑스 농부들을 데려와 인디언 밑에서 일을 시켜야 한다."

지금 뉴햄프셔, 매사추세츠, 로드아일랜드, 코네티컷 주의 경내에 사는 인디언은 줄잡아 4만 명을 넘지 못한다고 한다. 이는 최초의 정착민들이 신대륙에 발을 들여놓아 전염병이 휩쓸고 지나갔던 때보다도 적다. 더구나 이곳은 다른 곳보다 인구 밀도가 더 조밀하였다. 그러나 인디언들은 필요 이상으로 땅을 소유하지 않았다. 한편 백인 인구는 현재 150만 명을 넘으며 전체 면적의 3분의 2는 미개척지다.

인디언들은 분명히 백인의 요구에 따르려고 하지 않았을 것이다. 그들은 모든 면에서 비굴하게 허리를 굽히지 않았다. 그들 역시 맛있는 음식과 따뜻한 집을 싫어할 리 없었지만 선조가 물려준 권리를 두고 거래를 하기보다는 차라리 누더기 담요를 덮으며 선조의 뒤를 따르는 쪽을 택하였다. 숨을 거둘 때 수호신이 반드시 합당한 판결을 내려 줄 것이기 때문이다. 그들은 싸움에 나가 쉽게 무릎을 꿇지도 않으며 멸망하지도 않는다. 다만 태평양 너머 더 넓고 행복한 사냥터로 옮겨 갈 뿐이다. ─『저널』

인디언들에 대한 소로의 애정은 무척 남다르다. 그는 백인들과 비교해 볼 때 인디언들의 삶의 방식이 훨씬 자연스럽다고 생각한다. 인디언들은 자연의 순리에 따라 살아갈 뿐 자연의 법칙을 좀처럼 거스르는 법이 없기 때문이다. 가령 토지만 하여도 그러하다. 토지를 재산 증식의 수단으로 삼는 백인들과는 달리 인디언들은 땅을 필요 이상으로 소유하지 않았다. 어쩌면 그들에게는 아예 소유라는 개념이 없었다고 할 수 있다. 마을 사람들이 공동으로 관리하다가 자손들에게 물려 줄 따름이다. 사냥터가 점점 없어지자 인디언들은 쟁기를 가지고 농사를 짓기 시작하였다. 소로에 따르면 체로키 족이 다른 인디언 종족에 비해 그래도 비교적 오랫동안 명맥을 유지할 수 있었던 것은 2923개의 쟁기를 가지고 있었기 때문이라고 한다.

야생 동물을 보존한다는 것은 일반적으로 그들이 서식하고 자주 드나들 수 있는 숲을 만들어 준다는 것을 뜻한다. 인간도 마찬가지다. 100년 전 만하여도 사람들은 숲에서 나무껍질을 벗겨 내 거리에 내다 팔았다. 원시적이고 억센 나무들의 바로 그 모습에 인간 사고의 섬유질을 견고하고 강하게 해 주는 원칙이 있었던 같다. 아! 옛날과 비교하여 타락해 버린 고향 마을의 모습을 생각하면 몸서리가 처진다. 이제는 그런대로 두터운 나무껍질을 한 짐 모을 수도 없고, 더 이상 타르와 테레빈유(油)를 만들어 낼 수도 없다.

　　문명국가(그리스와 로마와 영국 같은 나라 말이다.)들을 지탱해 준 것은 오래전에 썩은 채 서 있는 원시림이었다. 토양이 소진되지 않는 한 문명국가는 살아남는다. 아 슬프도다, 인간의 문화여! 부식토(腐植土)가 없어져 버린 나라, 선조의 뼈로 거름을 만들 수밖에 없는 이 나라에서 무엇을 더 기대할 수 있단 말인가. 시인은 오직 자기 몸에 붙어 있는 비곗살로 목숨을 연명하고, 철학자는 자신의 골수에 의존한다. —「산책」

자연주의자나 환경론자로서의 소로의 면모를 읽을 수 있는 대목이다. 환경론자들은 숲이 무엇보다도 소중하다고 생각한다. 생태계의 축소판이라고 할 이 숲은 신선한 공기를 공급해 주는 지구의 허파일뿐만 아니라 소중한 자원의 보고이다. 지금 열대 우림이 파괴되는 것에 대하여 많은 사람이 그렇게 우려하는 까닭도 바로 여기에 있다. 원시림이 문명국가를 지탱해 주었다는 소로의 말이 자칫 모순되는 것처럼 들릴지 모르지만 엄연한 과학적 사실이다. 최근 연구에 따르면 인류 역사에서 숲을 제대로 돌보지 않아서 지구상에서 멸망한 도시나 나라가 적지 않았다.

소로는 숲 못지않게 표토(表土)가 중요하다고 역설한다. 온갖 식물은 지구 표면을 얇게 덮고 있는 이 표토에서 자란다. 그런데 이렇게 소중한 표토가 단일 작물 경작과 화학 비료 사용을 비롯한 여러 이유로 1년에도 수천 톤씩 지구상에서 유실되고 있다. 표토가 유실되면 식물이 제대로 자랄 수 없고, 식물이 제대로 자랄 수 없으면 인간을 비롯한 짐승은 먹이를 구할 수 없게 된다. 소로는 19세기 중엽에 이미 표토의 유실이 어떠한 결과를 가져올지를 알고 있었다.

강은 그 옛날 나그네들의 발걸음을 인도하는 안내자였음에 틀림없다. 강은 마을 옆을 흐르면서 여행과 모험을 떠나라고 끊임없이 유혹한다. 그리하여 그 강둑에 살고 있는 사람들은 자연의 충동을 이기지 못하여 결국 물결과 함께 지구의 하류로 내려가거나 대륙의 내부로 초대를 받아 들어갈 것이다. 강은 모든 나라의 자연이 만들어 낸 길이다. 땅을 평평하게 만들고, 나그네의 통행에 장애물들을 제거해 주며, 그의 목마름을 해소시켜 준다. 강은 나그네를 가슴에 품어 줄 뿐만 아니라 가장 멋진 경치가 있는 곳, 지구에서 가장 많은 사람들이 사는 곳, 동물과 식물이 훌륭하게 조화를 이루며 사는 멋진 왕국으로 인도한다. ―『콩코드 강과 메리맥 강에서 보낸 일주일』

하버드 대학교를 졸업한 지 2년 뒤 1839년, 그러니까 소로의 나이 스물두 살 때 그는 형 존과 함께 보트를 타고 일주일 동안 콩코드 마을을 가로지르는 콩코드 강과 매사추세츠 주 북부 지방을 흐르는 메리맥 강을 여행한다. "다른 곳이 아닌 바로 여기에 천국이 있다."라고 적을 만큼 소로는 이 여행을 통하여 아주 귀중한 삶의 교훈을 배운다. 인간에게 숲이 시원한 공기를 공급해 주는 허파라면, 강은 영양분을 실어 나르는 핏줄이요 대동맥이다. 예로부터 강은 인간에게 생명의 젖줄 구실을 해 왔다. 문명의 동이 틀 무렵 사람들이 강가에 삶의 터전을 잡은 것은 바로 그 때문이다. 인류의 4대 문명은 하나같이 강을 젖줄로 삼아 발전하였다. 소로는 다른 글에서도 "강의 잔물결 소리를 듣는 사람은 무슨 일이 있어도 완전히 절망하지 않는다."라고 하기도 한다.

소로는 강이야말로 인간은 말할 것도 없고 온갖 동물과 식물이 한

데 어울려 살고 있는 "멋진 왕국"이라고 밝힌다. 강은 숲과 마찬가지로 생태계 질서를 보여 주는 더할 나위 없이 좋은 예라고 할 수 있다. 그런데 소로의 태도는 북아메리카 대륙에 살았던 인디언의 태도와 여러모로 비슷하다. 가령 수쿠아미시 족의 시애틀 추장은 "강은 우리의 형제다."라고 외치면서 "강은 우리의 목마름을 달래 주며, 우리의 카누를 날라 주고 우리 아이들을 먹여 살린다. …… 그러므로 형제를 대할 때와 마찬가지로 친절하게 강을 대하여야 한다."라고 하였다.

미국의 생태론자요 환경운동가인 에드워드 애비는 그 누구보다도 강을 사랑하며 거의 평생 동안 강과 더불어 산 사람이다. 소로의 말을 몸소 행동으로 옮긴 그는 『강을 따라서』라는 책에서 강과 더불어 살아온 자기 삶의 궤적을 적는다.

내가 말하는 산책이란 환자가 정해진 시간에 약을 먹는 것처럼 이른바 '운동'을 하는 것, 가령 아령이나 의자를 흔들어 대는 것과는 전혀 비슷하지 않다. 산책은 그 자체로 하루의 일과요 모험이다. 만약 운동을 하고 싶거든 생명의 샘물을 찾아 나서라. 어떤 사람이 건강을 위하여 아령을 흔들어 대고 있다고 생각해 보라. 저 멀리 목초지에 그러한 샘물들이 솟아오르고 있는데도 말이다.

산책을 할 때에는 걸으면서 되새김질하는 유일한 동물인 낙타처럼 산책하여야 한다. 한 여행자가 윌리엄 워즈워스의 하녀에게 주인의 작업실을 보여 달라고 부탁하자, 하녀는 "여기가 그분의 서재입니다. 그분의 작업실은 집 밖에 있습니다."라고 대답하였다고 한다. ―「산책」

오늘날 많은 사람은 운동 삼아 산책을 하지만 소로가 말하는 산책은 운동과는 크게 다르다. 그에게 산책은 사색하는 시간이요 자연과 대화를 나누는 시간이다. 낙타가 먹은 음식을 토하여 다시 되새김질을 하듯이 소로도 일상에서 겪은 일을 산책을 하면서 되새긴다. 운동을 하는 것으로 말하자면 숲이나 들판을 산책하는 대신 운동장을 달리는 것이 훨씬 더 효과적일 것이다. 소로는 하루에 적어도 4시간 이상 숲이나 언덕 또는 들판을 산책하였다.

소로가 언급하는 워즈워스는 두말할 나위 없이 대표적인 영국 낭만주의 시인 윌리엄 워즈워스를 말한다. 대부분의 낭만주의 시인이 그러하였듯이 워즈워스도 주로 자연 속에 살면서 영감을 받고 시를 썼다. 워즈워스의 작업실을 묻는 여행자의 말에 그의 하녀가 하는 대답이 재미있다. 워즈워스는 비록 집안에서 책을 읽을지는 몰라도 시를 구상하고 쓰는 작업은 집밖, 즉 자연 속에서 한다는 것이다. 그 하녀의 말대로 실제로 워즈워스도 소로처럼 숲과 들판을 산책하면서 사색하고 작품을 구상하였다.

우리는 산책할 때 마땅히 들판이나 숲으로 간다. 만약 우리가 오직 정원이나 나무 그늘진 산책길을 걷는다면 어떻게 될까? 심지어 어떤 학파의 철학자들은 숲에 가지 않기 때문에 숲을 자신이 있는 곳에 옮겨다 놓아야 한다고 생각하였다. …… 물론 숲에 들어갈 때 우리 자신을 가지고 가지 않는다면 그곳으로 발길을 옮길 필요가 없을 것이다. 나는 몸이 1.6킬로미터나 숲 속을 걷고 있는데도 영혼은 그곳에 없을 때 무척이나 당혹스러움을 느낀다. 오후 산책에서는 아침의 일과 사회에 대한 내 의무를 모두 잊어버리고 싶다. 그러나 세속의 일을 쉽게 떨쳐 버리지 못할 때가 가끔 있다. 어떤 일이 뇌리 속에서 계속 떠나지 않아서 몸과 마음이 따로 놀고 있다. 그러니까 제정신이 아닌 것이다. 이럴 때 숲을 걸어 제정신을 다시 찾고 싶다. 숲에 와서 숲 밖의 일을 생각한다면 숲 속을 산책할 필요가 어디 있겠는가? 심지어 좋은 일이라고 일컫는 일에 연관되었을 때조차 나는 자신을 의심하며 진저리를 치지 않을 수 없다. 그런데 이러한 일이 이따금 일어난다. ―「산책」

"말을 호숫가로 인도할 수는 있어도 물을 먹게 할 수는 없다."라는 말이 있다. 억지로 물을 먹일 수 없는 것은 말뿐만 아니라 사람도 마찬가지이다. 소로는 숲 속을 산책하면서도 세속의 일을 완전히 떨어뜨리지 못하고 있을 때가 있다고 고백한다. 몸은 숲 속을 거닐고 있지만 마음은 세상일에 얽매여 있는 경우가 많다. 몸과 마음이 따로 노는 것이다. 서양의 목가시나 전원시의 시인들이 그러하였고, 음풍농월(吟風弄月)하던 우리의 옛 시인들도 그러하였다. 입으로는 자연을 노래하지만 마음속으로는 권력과 명예에 대한 생각을 뇌리에서 완전히 떨어 내지 못하였다. 그들에게 자연은 목적이 아니라 어디까지나 수단에 지나지 않았다.

나는 다른 동물들을 보통 사람들이 그러하듯 짐승으로 여기지 않는다. 오히려 그러한 동물들은 사람들처럼 허튼 소리를 하지 않기 때문에 더 마음이 끌린다. 그들은 멍청하거나 자만하거나 거드름을 피우거나 어리석지가 않다. 약간의 결점이 있다고 한들 그것이 무슨 대수랴. 사람이 숲 속에 나타나면 내 요정들은 어김없이 도망쳐 버린다. 정당의 전당 대회장, 회의 장소, 문화 회관, 또는 클럽 회의실 등 그 어디에서도 나는 이러한 느낌을 가져 본 적이 없다. 그러나 브라운 씨의 떡갈나무 관목 지대에서는(이 땅은 며칠 전에 1에이커(4000제곱미터)에 6달러씩 받고 팔렸다.) 영국을 다 주고도 살 수 없을 만큼 소중한 친구를 얻을 수 있다. 여기는 내가 살면서 연구 조사를 하는 곳이다. 그래서 나는 이렇게 서명을 남긴다. 이곳이야말로 나의 전부이며 바로 나 자신이라고. ─『저널』

짐승에 대한 소로의 태도는 일반 사람들과의 그것과는 사뭇 다르다. 그는 어떤 면에서 짐승이 사람보다 더 낫다고 생각한다. 짐승은 허튼 소리도 하지 않고, 멍청하지도 않으며 자만하거나 거드름을 피우지도 않기 때문이라는 것이다. 미국의 국민 시인으로 추앙 받는 월트 휘트먼도 짐승에 대하여 "그들은 땀 흘려 일하거나 자신의 처지에 대하여 투덜대지도 않네 / 그들은 한밤에 잠 못 이루며 지은 죄 때문에 울지도 않네 / 그들은 신에 대한 의무를 논하며 나를 구역질나게 하지도 않네 / 어느 하나 불만스러워 하지 않고, 어느 하나 소유욕에 미쳐 있지도 않네 / 어느 하나 다른 자에게 무릎을 꿇지 않으며, 천 년 전 조상에게도 절하는 법이 없네 / 어느 하나 점잖을 빼거나 원한을 품지도 않

자연

네."라고 노래한다. 이렇게 소로와 휘트먼이 짐승을 예찬하는 것은 비단 인간에 대하여 환멸을 느꼈기 때문만은 아니다. 짐승에게도 인간 못지않게 존재 이유를 부여하기 때문이라고 보는 쪽이 더 옳다.

언젠가 우연히 무지개의 둥근 아치의 그 홍예(무지개) 받침 대 부분이 땅에 맞닿아 대기의 아래층을 채우며 풀과 잎들을 물들이고 있는 지점에 선 적이 있다. 그때 나는 마치 채색된 수정을 통하여 세상을 내다볼 때처럼 눈이 부시는 것을 느꼈다. 그것은 무지갯빛 호수였고, 그 속에서 나는 아주 잠깐이었지만 한 마리의 돌고래처럼 살고 있었다. 만약 그 순간이 좀 더 오래 계속되었더라면 내 일과 삶까지도 무지갯빛으로 물들었으리라. 나는 철둑길을 걸을 때면 내 그림자 주위에 후광이 생기는 것을 보고 언제나 신기하게 생각하곤 하였으며, 어쩌면 나 자신도 선택받은 사람 중 한 사람일는지 모른다고 상상해 보기도 하였다. 나를 찾아온 한 방문객은 자신 앞에 있던 아일랜드 인의 그림자에도 후광이 없었으며 그러한 빛으로 구별되는 것은 오직 인디언뿐이라고 단언하였다. 벤베누토 첼리니는 그의 자서전에서 다음과 같은 이야기를 하고 있다. 그가 산탄젤로 성에 갇혀 있을 때 밤에 무서운 꿈을 꾸거나 환상을 본 다음날 아침저녁으로 자신의 머리 그림자 주위에 찬란한 빛이 나타났다는 것이다. 그러한 현상은 그가 이탈리아에 있건 프랑스에 있건 관계없이 일어났으며, 특히 풀이 이슬로 축축하게 젖어 있을 때 더욱 뚜렷이 나타났다. 이것은 아마 내가 말한 것과 같은 현상일 것으로 생각되는데, 아침에는 특히 잘 보이고 심지어는 달이 떠 있는 밤에도 볼 수 있었다. 이것은 늘 있는 현상이지만 사람들은 거의 눈여겨보지 않는다. 첼리니같이 흥분하기 쉬운 상상력을 가지고 있는 경우에 그것은 충분히 미신의 근원이 될 수도 있을 것이다. 더구나 그는 아주 극소수의 사람에게만 그것을 보여 주었다고 말한다. 그러나 자신들이 관심의 대상이라는 사실을 의식하고 있는 사람들이야말로 정말로 유별난 존재들이 아닌가. ─『월든』, 「베이커 농장」

 자연에 대한 친화력이 뛰어난 소로에게 무지개는 물방울이 햇빛을 받아 만들어 낸 현상 이상의 의미를 지닌다. 물론 과학적으로 설명한다면 태양과 반대쪽에 강수가 있을 때 그 물방울에 비친 태양 광선이 물방울 안에서 반사·굴절되어 최소편각(最小偏角) 방향으로 사출(射出)될 때 나타나는 현상이 무지개다. 소로에게 무지개는 자연의 오묘한 신비와 아름다움을 상징하는 더할 나위 없이 좋은 예다. 1852년 6월 22일에 적은 『저널』에서도 소로는 이와 비슷한 느낌을 밝힌다. "무지개는 어렴풋하게나마 얼굴을 드러낸 신의 얼굴이 아닐까? 이 아침 아래에서 꾸려 가는 인간의 삶은 얼마나 영광스러운가! 이 세상에 무지개보다 더 멋진 현상이 또 있을까!"

 19세기 영국의 낭만주의 시인 윌리엄 워즈워스도 하늘에 걸려 있는 무지개를 보고 "하늘의 무지개를 볼 때마다 내 가슴 설레느니 / 나 어린 시절에 그러했고 / 다 자란 오늘에도 매한가지 / 쉰 예순에도 그렇지 못하다면 차라리 죽음이 나리라 / 어린이는 어른의 아버지 / 바라노니 나의 하루하루가 자연의 믿음에 매어지고저."라고 노래한 적이 있다. 소로가 언급하고 있는 벤베누토 첼리니(1500~1571년)는 이탈리아의 조각가이자 금세공가로 파란만장한 삶을 기록한 자서전으로도 유명하다.

자연의 정원과 비교해 보면 우리의 정원은 규모가 너무 작다. 우리는 기껏해야 말라죽은 잡초 틈의 해국(海菊) 몇 그루를 돌보고 있을 따름이다. 이를테면 우리 머리 위로 그림자를 드리우고 있지만 우리의 잔손질이 필요하지 않은 커다란 해국과 장미 나무를 보지 못하고 있다. 어찌하여 시야를 좀 더 높이, 좀 더 넓게 가지지 못하는가? 저 위대한 정원을 거닐 생각을 하지 못하고 그 정원의 초라한 한쪽 귀퉁이에서 머뭇거리고 있는가? 어찌하며 울타리 안에 가둔 몇 그루 화초가 아니라 숲 전체의 아름다움을 생각하지 않는가?

이제 좀 더 모험적인 산책에 나서도록 하라. 우선 산꼭대기에 올라가 보라. 10월 말쯤 마을 주변의 아무 산이라도 올라가 숲을 내려다보라. 그때 당신은 내가 지금까지 묘사한 것을 보게 되리라. 이 모든 것과 그 이상의 것을 보게 될 것이다. 다만 당신이 그것을 볼 마음의 준비가 되어 있고, 또한 그것을 '찾아보려는' 의지를 갖고 있다면 말이다. 그렇지 않으면 이러한 현상이 아무리 흔하고 보편적인 것이라고 할지라도, 또한 당신이 산꼭대기나 계곡에 서 있다고 하더라도, 한해 중 이즈음의 숲은 으레 갈색으로 말라버린 것이려니 하고 생각할 것이다. 칠십 평생 내내 말이다.

사물이 우리 시야에서 가려져 있는 것은 그것이 우리 시선이 통과하는 진로 밖에 있기 때문이 아니라, 우리가 마음과 눈을 그것에 전적으로 집중하지 않기 때문이다. 눈이든 그 밖의 어떤 젤리성 물질이든 그 자체에 사물을 볼 수 있는 능력이 있는 것은 아니기 때문이다. 우리는 사물을 볼 때 얼마나 멀리, 넓게, 또는 얼마나 가깝게 그리고 좁게 보아야 할지 잘 모른다. 그렇기 때문에 자연의 많은 현상 가운데 아주 많은 부분이 평생 우리 자신한테 가려져 있다. 정원사는 오직 자신의 정원밖에는 보지 못한다. 경제학에서처럼 여기에서도 공급은 수요에 상응하기 때문이다. 자연은 돼지 앞에 진주를 던져 주지 않는다. 자연경관에서 우리는 감상할 마음의 준비가 된 만큼의 아름다움만 우리 눈에 보인다. 그밖에는 눈곱만큼도 더 볼 수 없다. ─「가을의 빛깔」

이 세상에 아무리 아름다운 것이 있어도 그 아름다움을 바라볼 준비가 되지 않은 사람에게는 한낱 그림의 떡이요 병풍 속의 닭에 지나지 않는다. 사물의 아름다움을 바라보는 것은 어디까지나 육체의 눈이 아니라 마음의 눈이기 때문이다. 프랑스의 작가 앙투안 생텍쥐페리도 『어린 왕자』에서 "우리는 오직 마음의 눈을 통해서만 사물을 바라본다."라고 하였다.

"자연은 돼지 앞에 진주를 던져 주지 않는다."라는 구절은 신약성서에서 따온 것이다. 예수는 제자들에게 "거룩한 것을 개에게 주지 말고, 너희의 진주를 돼지 앞에 던지지 마라. 그들이 발로 그것을 짓밟고, 되돌아서서 너희를 물어뜯을지도 모른다."(「마태복음」 7장 6절)라고 가르친다. 자연의 아름다움을 보지 못하는 사람은 곧 진주의 가치를 알지 못하는 돼지와 다를 바 없을 것이다.

나는 어느 인공 정원보다도 더 크고 매력적인 정원을 소유하고 있다. 오후마다 나는 내 정원으로 산책을 나간다. 내 정원은 어떤 귀족도 가져보지 못한 큰 정원이다. 내 정원에는 수목에 둘러싸인 산책로가 끝없이 이어져 있다. 야생 동물들이 자유롭게 뛰어 논다. 또한 호수와 대지로 다채로운 풍경이 펼쳐진다. 더구나 외진 곳이어서 미로를 헤매는 길 잃은 나그네를 만나는 일도 아주 드물다. ―『저널』

현대인들은 자연 속에 살기보다는 집 근처나 집안에 자연을 옮겨다 놓기를 좋아한다. 일본 사람들이 처음 시작하여 이제는 서양 사람들도 따라하는 분재라든지, 집안 거실에 놓은 수석은 이러한 경우를 보여 주는 좋은 예다. 분재를 보면 나무를 학대하다 못하여 고문한다는 생각마저 든다. 강가나 산에 놓여 있는 돌을 집안에 가져다 놓는 것도 '부자연스럽기'는 마찬가지다. 분재나 수석이 이렇게 어울리지 않는 것은 제자리에 있던 자연을 다른 장소로 옮겨 놓았기 때문이다. 좀 더 따져보면 정원이라는 것도 분재나 수석과 크게 다르지 않다. 소로는 사람들이 집 근처에 꾸며놓은 정원을 "인공 정원"이라고 부르면서 그곳보다는 "더 크고 매력적인 정원"으로 오후마다 산책을 나간다고 밝힌다. 수목이 우거지고 온갖 야생 동물이 자유롭게 뛰노는 숲이야말로 참으로 정원다운 정원이라고 할 수 있을 것이다.

우리는 세상의 아름다움을 그저 스쳐 지나가면서 흘낏 그 일부만을 바라볼 뿐이다. 그러나 제대로 바라본다면 우리는 무색의 얼음 속에서도 반짝이는 무지개의 빛깔에 황홀감을 느낄 수 있을 것이다. 실제로 폭풍우나 물 한 방울 속에도 무지개가 들어 있다. 자연의 아름다움과 음악은 어떤 특별한 성향이나 이례성을 지닌 것이 아니다. 그것은 당연한 자연 법칙이고 특성일 뿐이다. 다만 우리가 그것을 보고 듣지 못할 따름이다. ―『저널』

자연은 무한히 아름다운 모습과 음악을 간직하고 있지만 인간은 그 가운데에서 오직 일부만을 바라볼 따름이다. 소로는 그것을 바라볼 수 없는 것은 안목이 부족하기 때문이라고 밝힌다. 자연의 아름다움이란 '당연한 자연 법칙과 특성'에서 비롯하는 것인데도 우리는 어떤 특별한 데에서 그 아름다움을 찾고 있다는 것이다. 소로가 그토록 감탄해 마지않는 무지개는 바로 그러한 아름다움의 좋은 예다. 폭풍우나 물 한 방울 속에도 무지개를 바라볼 수 있는 것이야말로 참으로 자연의 아름다움을 바라보는 능력이다.

비가 그치고 동쪽 하늘에 무지개가 걸려 있다. 대지는 마치 다시 태어난 듯하고 풀잎은 물기로 흠뻑 젖어 있다. 공기는 포근함을 되찾아 차분히 가라앉아 있다. 비 덕분에 거울처럼 매끄러워진 수면은 그지없이 아름답다. 홍수로 물이 불어난 곳의 강폭은 아직도 줄어들고 있지 않다. ······

 이 소나기가 잠들어 있는 여름을 효과적으로 깨운 것을 생각하면 그저 놀라울 뿐이다. 소나기는 여름철의 세례와도 같다. 여름 날씨는 언제나 정해진 순서에 따라 진행되는 것이 아닐까? 가령 천둥을 동반한 비, 무지개, 수면에 비치는 온갖 모습, 그리고 따스한 밤 말이다. 여름의 이마 위에 걸려 있는 무지개. 자연은 사랑하는 딸, 즉 여름의 이마에 이 보석을 장식해 놓은 것이다. 물기에 젖어 있는 풀과 오래된 소나무의 뾰족한 잎들이 저녁 어스름 속에 온갖 색깔을 띠고 있는 그림자를 더욱 짙은 푸름으로 물들이고 있다. ─『저널』

 여름날 비가 내린 뒤의 시골 풍경을 소로는 이렇게 수채화처럼 아름답게 그려 낸다. 누군가는 비 온 뒤 하늘에 걸려 있는 무지개를 지상과 천국을 잇는 다리라고 하였지만 소로는 여름의 이마 위에 장식해 놓은 "보석"이라고 생각한다. 이 무지개가 아름다운 시골 풍경에 한껏 분위기를 자아낸다. 또한 한바탕 소나기가 지나가면서 삼라만상을 깨끗하게 씻어 낸 것을 세례에 빗대는 그의 상상력이 여간 놀랍지 않다. 기독교인들이 세례를 통하여 영적(靈的)으로 다시 태어난다면, 한여름 시골 마을은 소나기의 세례를 받으며 새롭게 태어난다. 한 편의 서정시를 떠올리게 하는 글이다.

건강은 사회에서는 찾을 수 없고 오직 자연 속에서만 찾을 수 있다. 만약 자연의 한가운데에 우리의 두 발을 딛고 서 있지 않다면 우리 얼굴은 창백한 납빛으로 변할 것이다. 사회는 언제나 병들어 있으며, 가장 훌륭한 사회야말로 가장 깊은 병에 걸려 있다. 거기에는 소나무 향처럼 건강에 좋은 냄새도 없으며, 고원의 목초지에서 끊임없이 풍겨 나와 우리 몸에 깊숙이 스며들어 원기를 북돋아 주는 싱그러운 향기도 없다. 마치 만병통치약처럼 언제나 자연사 책 몇 권을 내 곁에 두고 싶다. 그 책들을 읽으면 원기가 되살아날 것이다. 환자에게 자연은 환자처럼 느껴지지만 건강한 사람에게는 건강의 샘처럼 여겨진다. 자연의 아름다운 특징을 응시할 줄 아는 영혼에게는 어떤 피해나 실망도 생길 수 없다. 자연의 정적을 나누는 그러한 사람은 절망의 원칙도, 정신적 또는 정치적인 폭정이나 노예의 원칙도 가르친 적이 한 번도 없었다. ─「매사추세츠 주의 자연사」

소로처럼 문명을 싫어하는 사람도 찾아보기 드물 것이다. 그는 문명은 병적이라고 한마디로 잘라 말한다. 문명의 순도가 높아질수록 그만큼 질병의 정도도 심해진다. 소로의 말에 따른다면 문명 사회에 살고 있는 현대인은 하나같이 질병을 앓고 있는 셈이다. 한편 자연은 인간의 온갖 질병을 치료할 수 있는 거대한 병원이다. 실제 자연이 아니라 자연의 역사를 기록한 책마저도 소로에게는 "만병통치약"과 같다.

지그문트 프로이트도 『문명과 그 불만』에서 인간이 문명 사회에 살수록 그 불만은 더 커진다고 지적한다. 문명의 이름으로 인간의 건강한 본능을 억제하기 때문이라는 것이다. 프로이트의 뒤를 이어 폴 셰퍼드는 『자연과 광기』에서 인간이 자연을 등지고 문명에만 기대어 살 때 광기 같은 질병을 가져올 수 있다고 경고한다.

자연과 문명의 차이는 선(仙)과 속(俗)의 한자어를 보아도 잘 알 수 있다. 사람이 산(자연)속에 들어가 있으면 불로장생하는 신선이 되지만 일단 계곡(문명 사회)으로 내려오면 속인이 된다. 이 개념을 건강과 질병으로 바꾸어 놓아도 크게 무리가 되지 않을 것 같다.

우리 집 앞뜰을 지나는 큰길에 조그마한 샛길이 직각으로 갈라진 지점이 있다. 그런데 나는 돼지를 이 지점 너머로 몰아갈 수가 없었다. 돼지가 두 번이나 그 좁은 길로 들어가 버렸기 때문이다. 큰길이 넓고 훤히 트인 데다가 그 길로 가는 사람이 하나도 없는데도 이 갈림길 너머로 돼지를 몰려고 하면, 한결같이 머리를 내 쪽으로 돌리고는 이리저리 피하다가 그 좁은 샛길로 들어가 버리거나 큰길로 되돌아 내려가는 것이다. 마치 우리 집 쪽에 어떤 커다란 장애물이 세워져 있어 녀석을 막기라도 하는 것처럼 말이다.

돼지의 고집이나 내 고집이나 실제로는 피장파장인 셈이다. 돼지의 꾀와 독립심에 차라리 존경심을 갖게 된다. 녀석은 자기 자신이 되기를 고집하고 있다. 내가 나 자신이든 아니든 말이다. 돼지가 내 뜻을 거스른다고 해서 사리를 모르는 짐승이라고 할 수는 없다. 오히려 사리를 더 잘 알고 있다고 하여야 할 것이다. 그는 강한 의지의 소유자다. 자신의 의견을 확신하고 있다. ―「돼지 잡아들이기」

우리에서 도망친 돼지를 잡아들이는 사건을 기록한 글이다. 서양에서나 동양에서나 인간은 돼지에게 나쁜 속성을 부여한다. 불결하거나 고집 세거나 욕심이 많은 사람을 두고 '돼지' 같다고 말한다. 서양에서는 행실이 나쁜 여자를 돼지에 빗대기도 한다. 소로는 평생 동안 자연의 벗이요 자연을 지키는 파수꾼으로 살았다. 소로에게 자연은 비단 꽃과 나무만을 뜻하지 않는다. 동물을 비롯한 모든 피조물에도 깊은 애정을 보여 주었다. 월든 호숫가에 사는 동안 자신이 가꾼 콩밭을 해치는 두더지를 두고 적잖이 고민한 적이 있다. 총으로 쏴 죽이라는 친구들의 권유를 물리치고 그는 덫으로 두더지를 잡은 뒤 몇 킬로미터나 떨어진 숲 속에 가서 풀어 주었다.

단풍이 한창일 때 시골에 와 본 적이 없는 많은 도회인은 이 한 해의 꽃, 아니 한해의 과일에 대하여 아무것도 모른다. 나는 그러한 도시 사람 한 명과 함께 마차를 타고 여행을 한 적이 있다. 그때는 단풍 절정기가 보름이나 지났는데도 그 사람은 가을 풍경에 놀라움을 금치 못하였으며, 나뭇잎의 색깔이 그보다 더 찬란할 수 있다는 사실을 좀처럼 믿으려고 하지 않았다. 그는 그러한 현상에 대하여 지금껏 한 번도 들어 본 적이 없다고 말하였다. 실제로 읍내에 사는 사람들도 이 현상을 주의 깊게 보지 않으며, 그것을 추억 속에 간직하고 있는 사람은 더더욱 적다. 대부분의 사람들은 나뭇잎에 단풍이 드는 현상을 잎이 시드는 것으로 잘못 알고 있다. 그러나 그것은 잘 익은 사과를 썩은 사과로 보는 것과 크게 다르지 않다. 잎의 색깔이 좀 더 진한 색으로 변하는 것은 완전한 숙성 단계에 이르렀다는 증거며 과일이 익어 가는 것에 견줄 수 있다.

흔히 나무의 가장 아래쪽에 있는 가장 오래된 잎사귀가 가장 먼저 색이 변한다. 그러나 완벽한 날개를 지닌 화려한 빛깔의 곤충이 수명이 짧은 것처럼 완숙한 잎은 머지않아 떨어지게 된다. 대개 과일은 익어서 떨어질 때가 가까워지면 화려한 색조를 띤다. 이때 그 과일은 좀 더 독립적이고 개인적인 삶을 시작하며 양분도 그렇게 많이 필요로 하지 않는다. 이제 줄기를 통하여 흙에서 양분을 얻기보다 태양과 공기로부터 더 많이 얻는다.

잎사귀도 마찬가지다. 식물학자들은 잎이 이처럼 화려한 색깔을 띠는 것은 "산소의 흡수 작용이 증가하기 때문"이라고 말한다. 그러나 이것은 현상의 과학적 설명이요 사실의 재확인에 지나지 않는다. 아름다운 처녀를 보면 나는 그녀의 장밋빛 뺨에 관심을 갖지, 그녀가 주로 무슨 음식을 먹는지 알아내려고 하지 않는다. 숲과 초원은 지구를 둘러싸고 있는 얇은 피막이며 자신이 성숙하였다는 증거로 화려한 색깔을 띠는 것이리라. 마치 지구 자체가 가지에 매달린 하나의 과일로 태양을 향하여 언제나 그 뺨을 내밀고 있기라도 하듯 말이다. 꽃은 실제로 화려한 색깔을 띤 잎에 지나지 않으며, 과일은 숙성한 잎에 지나지 않는다. 식물학자들은 과일이란 잎이 변해서 된 것이며 과육도 대체로

"그 잎의 유조직(柔組織)이거나 육질 부위"라고 말한다. ―「가을의 빛깔」

생자필멸(生者必滅)이라는 말도 있듯이 살아 있는 것은 반드시 죽음을 맞이하게 마련이다. 동물이건 식물이건 목숨이 붙어 있는 것은 똑같은 운명을 지닌다. 그런데 소로는 나뭇잎이 노랗게 단풍이 들거나 사과가 빨갛게 익어 가는 현상에서 자연에 관한 귀중한 교훈을 읽는다. 단풍이나 잘 익은 사과는 쇠락이나 아니라 오히려 완성이요 결실이라는 것이다. 일직선적 세계관보다는 순환론적 세계관에 훨씬 무게를 싣는 생태계에서, 죽음은 끝이 아니라 새로운 시작이요 막다른 골목이 아니라 열린 광장이다. 죽음은 창조의 새 아침처럼 눈이 부시다.

자연은 결코 서두르는 법이 없다. 자연의 체계는 일정한 걸음걸이로 진행한다. 꽃봉오리는 마치 짧은 봄날이 영겁의 시간이라도 되는 것처럼, 서두르거나 당황하는 빛 없이 눈에 띄지 않게 부풀어 오른다. 모든 만물은 얼마 동안 이 자연의 활동을 기다려야 하는 것처럼 보인다. 그렇다면 인간은 왜 가장 사소한 일에 그렇게도 서둘러 대는 것일까? 손톱 깎는 일처럼 아무리 사소한 일이라도 잘 해낼 수 있도록 그렇게 많은 시간을 소비하지 않도록 하라. 석양에 지는 해가 그에게 해가 남아 있는 동안 하루 일과를 개선하라고 재촉한다면, 귀뚜라미의 노랫소리는 옛날의 규칙적인 박자로 그를 안심시키며 앞으로는 영원히 일을 천천히 하라고 가르쳐 준다. 현명한 사람은 초조하거나 조바심 내는 법이 없이 휴식을 취한다. 순간마다 그는 그가 존재하는 곳에 머문다. 어떤 사람들이 산책길에 걸음을 옮겨놓을 때마다 몸 전체를 쉬게 하는 것처럼 말이다. 물론 피로가 축적되어 갑자기 걸음을 멈추지 않으면 안 될 때까지 다리 근육을 쉬지 않고 걷는 사람들도 없지 않다. ―『저널』

자연은 달팽이처럼 서두르지 않고 느리게 움직이지만 인간은 쳇바퀴를 돌리는 다람쥐처럼 한 순간도 쉬지 않는다. 인간은 어떤 목표를 정해 놓고 그 목표를 향하여 매진하는 것을 미덕으로 생각한다. 이러한 일직선적인 세계관에서는 진보와 발전을 기대할 수는 있어도 쉽게 절망을 느낀다. 한편 강강술래처럼 원무(圓舞)를 추며 움직이는 순환론적 세계관에서는 비록 진보와 발전을 기대할 수 없을망정 좌절과 절망을 느끼지 않는다. 소로는 자연에서 느림의 미덕을 배울 것을 권한다. 지난 몇 백 년 동안 앞만 쳐다보고 숨 가쁘게 달려온 결과 인류는 오늘날의 환경 위기와 생태계 위기를 맞고 있다고 하여도 크게 틀리지 않다. 요즈음 '느림의 철학'이 오히려 각광 받는 까닭을 알 만하다.

지금쯤 늪지대에 가면 건강에 좋은 차(茶)를 얻을 수 있다. 잎사귀들이 썩을 때 나는 약 냄새는 참으로 향긋하다. 갓 떨어진 풀잎과 낙엽 위에 비가 내리거나, 깨끗한 낙엽들이 떨어진 물웅덩이나 도랑에 비가 내려 물이 가득 차면 이 낙엽들은 차로 변한다. 초록색과 검은색, 갈색과 노란색의 온갖 빛깔에다 그 농도도 각양각색이다. 천지만물이 한담을 나누며 마시기에 부족하지 않을 만큼 충분히 많은 양이다. 그 차는 아직은 충분히 달여져 있지 않다. 자연의 위대한 솥에서 건조된 이 찻잎들은 너무 다양하고도 정교한 빛깔을 띠고 있기 때문에 그 유명한 동양의 차들에 결코 뒤지지 않을 것이다.

갖가지 수종(樹種) 가운데에서 참나무, 단풍나무, 밤나무, 자작나무는 얼마나 아름다운 조화를 이루며 뒤섞여 있는가? 그런데도 자연은 조금도 어지럽지가 않다. 자연은 알뜰한 농부다. 자연은 모든 것을 저장한다. 그토록 막대한 수확물이 해마다 땅 위에 떨어진다는 것을 생각해 보라! 그것들은 땅에서 가져갔던 것에다 이자까지 쳐서 갚아 주고 있다. 이토록 셈이 후할 수가 있단 말인가! 또한 잎을 두텁게 쌓아 토양을 깊게 해 준다. 이것은 우리가 유황이나 짐차 운송료에 대하여 이 사람 저 사람과 말을 주고받으며 부질없이 세상을 사는 동안 자연이 거름을 모으는 방법이다. 우리는 모두 그들이 썩음으로써 더욱 부유해진다. 나는 영국식 잔디나 옥수수보다 이 수확물에 더욱 흥미를 느낀다. 그것은 미래의 옥수수 밭이나 산림을 키울 순수한 토양을 마련하며 땅을 기름지게 하고 살찌게 해 준다. 그리하여 우리 농장도 비옥해진다.

그 다채로운 아름다움으로 볼 때 이것과 비교할 수 있는 수확은 이 세상 어디에도 없다. 이곳은 그저 곡식뿐인 누런 들판이 아니라 우리가 알고 있는 색채의 향연이 펼쳐지는 들판이다. 눈부시게 밝은 푸른색에서 불타오르는 단풍나무, 주홍빛으로 속죄하는 독옻나무, 짙은 자줏빛 물푸레나무, 마치 도금이라도 한 듯 노란색이 너울거리는 포플러나무, 선홍색 허클베리 나무들로 산허리는 양떼들이 뛰노는 들판처럼 물들어 있다. —「가을의 빛깔」

생태계의 특성을 한마디로 말한다면 아마 '다양성 속의 통일성' 또는 '통일성 속의 다양성'이 될 것이다. 언뜻 모순되고 상충되는 것처럼 보일지 모르지만 생태계에서는 무엇보다도 다양성이 미덕으로 존중받는다. 가령 숲에 한 가지 나무만 심으면 그 숲은 건강한 숲이 아니고 머지않아 황폐하게 되고 만다. 몇십 년 전 단일 수종만을 고집한 나머지 산림 녹화가 오히려 실패로 돌아갔다. 소나무·단풍나무·밤나무 등 여러 나무가 한데 어울릴 때 숲은 그만큼 건강하다. 소로는 「매사추세츠 주의 자연사」에서 "가문비나무, 솔송나무, 소나무 곁에 있으면 그 어떤 절망도 사라진다."라고 쓰기도 한다.

호수는 경관 중에서 가장 아름답고 가장 표정이 풍부하다. 그것은 이 대지의 눈[眼]이다. 그 눈을 들여다보면서 사람은 자신의 본성이 얼마나 깊은지를 헤아린다. 호숫가를 따라 자라는 하천의 나무들은 눈의 가장자리에 난 가냘픈 속눈썹이며, 그 주위에 있는 우거진 숲과 낭떠러지는 그 위에 돋아 있는 눈썹이라고 할 수 있을 것이다.

엷은 안개 때문에 맞은편 물가는 어렴풋하게밖에는 보이지 않는

고요한 9월의 어느 오후, 동쪽 물가의 매끈한 모래밭에 서서 호수를 바라보고 있노라면 "유리 같은 호수의 수면"이라는 표현이 어디서 유래한 것인지 알 수 있을 것 같다. 고개를 숙여 거꾸로 보면 호수의 수면은 계곡에 걸쳐 놓은 아주 섬세한 한 가닥 거미줄처럼 보인다. 멀리 소나무 숲을 배경으로 반짝거리면서 대기를 두 층으로 갈라놓고 있다. 맞은편의 산까지 물에 젖지 않고 걸어갈 수 있을 것 같은 생각이 들고, 호수 위를 스치듯 날아가는 제비들이 그 위에 앉을 수도 있을 듯한 생각도 든다. 실제로 제비들은 때때로 마치 착각이라도 한 듯 수면 아래로 미끄러져 들어갔다가는 깜짝 놀라 다시 날아올랐다.

　서쪽을 향하여 바라다보면 진짜 태양과 물위에 반사된 태양이 똑같이 눈부시기 때문에 두 손으로 눈을 가려야 한다. ―『월든』,「호수」

　무생물이나 동물에 인간의 속성을 부여하는 표현 방법을 수사학에서는 의인법이라고 부른다. 자연을 묘사하면서 소로는 의인법을 자주 구사한다. 그에게 월든 호수와 그 주위 풍경은 아름다운 여인의 얼굴과 크게 다르지 않다. 호수는 아름다운 눈이고 그 주변의 나무들은 속눈썹이며 숲과 낭떠러지는 눈썹이다. 만약 자연이 인간과 똑같은 속성을 지니고 있다면 우리는 그 자연을 함부로 대할 수 없을 것이다.

　나는 호숫가에 사는 동안 반쯤 굶주린 사냥개처럼 사슴 같은 것을 찾아 이상하게 자포자기 상태에서 한두 차례 숲 속을 쏘다닌 적

이 있었다. 그때는 사슴 고기라도 게걸스럽게 먹을 수 있을 것 같았고, 그러한 고기를 먹어도 나한테는 그렇게 야만스럽게 생각되지 않았을 것이다. 가장 야성적인 광경조차 왠지 낯설게 느껴지지 않았다. 지금도 대부분의 사람과 마찬가지로 나는 나 자신 속에서 좀 더 높은 것을 향한 삶, 즉 흔히 영적(靈的) 삶이라고 일컫는 것을 추구하려는 본능, 그리고 원시적이고 야만인 것을 추구하려는 또 하나의 본능을 발견한다. 그런데 나는 이 두 가지를 모두 존중한다. 나는 선한 것 못지않게 야성적인 것을 사랑한다. 야성과 모험 때문에 나는 아직도 낚시질을 좋아한다. 때로 삶의 야성적인 삶에 탐닉하여 하루를 좀 더 동물처럼 보내고 싶어진다. 어렸을 때 내가 자연과 친하게 된 것은 아마 낚시와 사냥 때문이다. 낚시와 사냥은 일찍부터 우리를 자연의 경관에게 소개해 주고 그 안에 머물도록 해 준다. 그렇지 않고서 그 나이에는 자연과 별다른 친교를 맺을 수 없을 것이다. 낚시꾼과 사냥꾼, 나무꾼 같은 사람들은 들판이나 숲 속에서 삶을 보내기 때문에 어떤 특별한 의미에서 자연의 일부라고 할 수 있다. 그들은 가끔 생업을 추구하는 과정에서 자연에 어떤 기대를 가지고 접근하는 철학자들이나 시인들보다 자연을 더 유리한 상태에서 바라볼 수 있다. 자연은 그들에게 자신의 모습을 드러내기를 두려워하지 않는다. 대초원을 여행하는 사람은 자연스럽게 사냥꾼이 되고, 미주리 강과 콜롬비아 강 상류를 여행하는 사람은 덫으로 짐승을 잡는 사냥꾼이 되며, 세인트 메리 폭포를 여행하는 사람은 낚시꾼이 된다. 단순히 여행하는 사람은 사물의 반쪽만을 간접적으로 배울 뿐 진정한 권위자가 될 수 없다. 우리는 그러한 사람들이 실제적으로나 본능적으로 이미 알고 있는 것을 과학자들이 보고할 때 가장 큰 흥미를 느낀다. 왜냐하면 그것만이 진정한 '인문학', 즉 인간 경험을 설명하는 학문이기 때문이다. ─『월든』,「좀 더 높은 법칙」

대부분의 사람들은 "좀 더 높은 것을 향한 삶"(형이상학)을 추구하는 나머지 야성적인 삶(형이하학)은 동물적인 본능이라고 하여 업신여긴다. 그러나 소로는 이 두 가지 본능을 함께 존중한다고 밝힌다. 그에게는 이 두 가지 가운데에서 어느 것이 더 높고 어느 것이 더 낮지 않다. 인간을 지배하는 이 두 본능은 수평적 개념이지 수직적 개념이 아니다. 다시 말해서 야성적인 것이란 악이 아니라 선의 또 다른 이름일 뿐이다. 이러한 야성적인 것에서 눈을 돌린 채 오직 영적인 것만을 추구하려는 것은 그에게 한낱 위선에 지나지 않는다. 소로는 『저널』에서도 "나는 야성을 갈망한다. 걸어서는 결코 지나갈 수 없는 자연…… 시간은 언제나 아침이고, 풀잎에는 늘 이슬이 맺혀 있으리라. 영원히 날이 새지 않는 그곳. 거기에서는 아무에게도 알려지지 않은 기름진 땅을 가질 수 있으리라."라고 적는다.

만약 당신이 똑바로 서서 사실을 직면한다면 태양이 마치 아랍의 신월도(新月刀)처럼 그 양면에 번쩍이고 있음을 볼 것이고, 그 날카로운 칼날이 당신의 심장과 골수를 갈라놓는 것을 느끼게 될 것이며, 행복감 속에서 삶을 마치게 될 것이다. 삶이든 죽음이든 우리는 오직 진

자연 73

실만을 갈구한다. 만약 우리가 정말로 죽어 가고 있다면 우리 목안에서 죽음의 가래가 끓는 소리를 들으며 사지가 차갑게 식는 것을 느끼도록 하자. 그러나 만약 우리가 살아 있다면 우리가 할 일을 해 나가도록 하자.

시간은 내가 낚시질하러 가는 시냇물에 지나지 않는다. 나는 그 시냇물을 마신다. 그러나 물을 마시는 동안 모래 바닥을 보고 이 시냇물이 얼마나 얕은지를 깨닫는다. 시간의 얕은 물은 흘러가 버리지만 영원은 남는다. 나는 좀 더 깊이 물을 들이켜고 싶다. 바닥에 조약돌처럼 별들이 깔린 하늘의 강에서 낚시질을 하고 싶다. 나는 셈을 하나도 할 줄 모른다. 알파벳의 첫 글자도 제대로 모른다. 내가 태어나던 그날처럼 현명하지 못하다는 사실을 언제나 아쉬워한다. 지성은 식칼이다. 사물의 비밀을 식별하고 헤쳐 들어간다. 나는 필요 이상으로 나의 손을 바쁘게 놀리고 싶지 않다. 나의 머리가 손과 발이다. 나는 가장 훌륭한 기능이 이 머릿속에 모여 있음을 느낀다. 어떤 동물이 주둥이와 앞발을 사용하듯 나의 머리가 굴을 파는 기관임을 본능으로 느낀다. 나는 이 머리로 이 산들을 파 볼 생각이다. 이 근처 어딘가에 노다지 광맥이 있는 것 같다. 탐지 막대기와 엷게 솟아오르는 증기를 보면 알 수 있다. 자, 이곳에서부터 굴을 파내려 가기 시작할 것이다. ─『월든』, 「나는 어디서, 무엇을 위하여 살았는가」

소로의 산문이 흔히 그러하지만 특히 이 구절은 한 편의 시를 떠올리게 한다. 시적 이미지나 비유법을 구사한다는 점에서도 그러하고, 시적 리듬을 사용한다는 점에서도 그러하다. 세월을 흐른 물에 빗대는 것은 그다지 새로울 것이 없다. 그러나 그것을 낚시질하러 가는 시냇물에 빗대는 것은 시냇물에서 갓 들어 올린 조약돌처럼 무척 싱그럽다. 시냇물에서 고기를 낚듯이 우리는 세월 속에서 삶을 끌어올린다. 시내 바닥에 앙금처럼 남아 있는 영원이야말로 보람 있고 의미 있는 삶일 것이다.

"지성은 식칼이다."라는 은유도 정신이 번쩍 들게 한다. 지성이란 칼처럼 잘 사용하면 쓸모 있지만 잘못 휘두르면 많은 사람들이 상처를 입고 피를 흘리고 다친다. 하버드 대학교를 졸업한 그가 천연스럽게 셈도 할 줄 모른다느니 알파벳의 첫 글자도 모른다느니 시치미 떼는 말은 자칫 위선처럼 들릴지 모른다. 그는 다만 지성을 잘못 사용할 때 생길 수 있는 위험성을 지적하고 있을 뿐이다.

배 한 척을 제외한다면 내가 전에 소유해 본 유일한 집은 이따금씩 여름철에 여행할 때 사용하던 천막 하나뿐이었다. 이 천막은 돌돌 말아 지금은 다락방에 처박아 두었다. 배도 이 사람 저 사람 손을 거쳐 시간의 강물 아래로 떠내려가 버렸다. 이제 좀 더 실체 있는 집을 마련하였으니 이 세상에 정착하는 일에 한 걸음 더 나아간 셈이다. 그처럼 가볍게 옷을 입은 이 집의 뼈대는 내 주위에 형성된 하나의 결정체 같은 것이었고, 집을 지은 사람인 나에게 반응하였다. 이 집은 대충 윤곽만을 그린 그림처럼 암시적이었다. 나는 구태여 바람을 쏘

이기 위하여 밖에 나갈 필요가 없었다. 집안의 공기가 조금도 신선함을 잃지 않았기 때문이다. 심지어 비가 몹시 내리는 날조차도 집안에 있었다기보다는 차라리 문 뒤에 앉아 있었다고 하는 쪽이 옳을 것이다. 인도의 옛 시 「하리반사」에는 "새들이 없는 집은 양념을 하지 않은 고기와 같다."라는 말이 나온다. 내 집은 그렇지 않거니와 나는 갑자기 뭇 새들의 이웃이 되었다. 내가 새들을 잡아 가두어서가 아니라 내 보금자리를 그들 곁에 만듦으로써 그렇게 된 것이다. 나는 정원이나 과수원 근처에 자주 찾아오는 새들뿐만 아니라, 마을 가까이 와서 노래 부르는 일이 전혀, 또는 거의 없는 좀 더 야생적이고 좀 더 흥분을 자아내는 숲 속의 노래꾼들, 즉 티티새, 개똥지빠귀, 붉은풍금조, 바위종다리, 쏙독새와 그 밖의 많은 새들과 더욱 가까운 사이가 되었다. ─『월든』,「나는 어디서, 무엇을 위하여 살았는가」

    현대인들은 산과 강에 있는 돌을 주워 집안에 들여놓듯이 새들을 잡아 새장에 가두어 둔다. 그러나 소로는 오히려 새들이 사는 곳에 오두막을 지어 새들의 이웃이 된다. 티티새, 개똥지빠귀, 붉은풍금조, 바위종다리, 쏙독새 등 온갖 새들이 그에게 찾아온다. 이러한 새들을 "숲 속의 노래꾼"이라고 부른다는 사실도 눈여겨볼 필요가 있다. 동양 문화권에서는 새들이 소리를 내는 것을 우는 것으로 간주한다. '울 명(鳴)' 자를 보면 곧 알 수 있다. 바로 새가 입을 벌리고 있는 모습이다. 이렇듯 서양 사람들은 새가 노래를 부르는 것으로 생각하는 반면, 동양 사람들은 새가 우는 것으로 생각한다. 여기에서 동양과 서양의 인생관의 차이를 찾는 것은 부질없는 일이 아니다.

차가운 기운에 이슬이 맺히고 대기도 맑아진다. 그윽한 정적이 흐른다. 자연에 인격과 정신이 깃들어 있는 것 같고, 자연이 내는 소리도 깊은 사색을 거쳐 나온 것만 같다. 귀뚜라미 울음소리며, 콸콸 흐르는 시냇물, 나무들 사이로 불어오는 바람까지 이 모든 것이 우주의 끝없는 진보에 대하여 이야기한다. 이 자연의 소리는 진지하면서도 듣는 이에게 기운을 북돋아 준다. 숲 속의 바람 소리에 심장이 뛴다. 어제까지만 하여도 산만하고 천박하였던 내가 숲의 바람 소리를 듣고 갑자기 영혼이 되살아난 느낌이 든다. 조용하고 흐린 날 검은 방울새가 하루 종일 지저귄다. 사색의 계절이 가까이 다가왔음을 알려 준 어린 새 떼들이 생각난다. 아! 평생 동안 그러한 삶을 한결같이 살 수만 있다면 얼마나 좋을까. 평범한 계절에 작은 과일이 무르익듯 내 삶의 과일도 그렇게 무르익을 수만 있다면 얼마나 좋을까. 언제나 자연과 교감하는 그러한 삶을 살아갈 수만 있다면 얼마나 좋을까. 계절마다 꽃피는 자연의 특성에 맞추어 나도 함께 꽃피는 그러한 삶을 살 수 있다면 얼마나 좋을까. 아! 그러면 나는 자연 속에 걷고 자연 속에서 서고 자연 속에서 잠을 잘 수 있을 것이다. 시냇가를 따라 걸으며 새처럼 즐겁게 노래하는 기도자가 되어 커다란 목소리로 때로 혼잣말로 기도할 것이다. 기쁘게 땅과 포옹하고 즐겁게 땅에 묻힐 것이다. 비록 사랑한다는 말은 나누지 못하였지만 내 사랑을 알고 내가 사랑하는 사람들을 땅 속에 누워 추억할 것이다.

이보다 더 좋은 시간을 보내게 되기를 기대한 적도 있었다. 이보다 더 가치 있는 마음을 갖게 되기를 바란 때도 있었다. 지금 나는 다만

나로부터 넘쳐나는 생명의 홍수에 감사할 따름이다. 나는 지금 그렇게 가난하지 않다. 사과 익는 냄새를 맡을 수 있기 때문이다. 시냇물은 하루가 다르게 깊어간다. 가을꽃들, 특히 모래 위에서 환한 남빛 꽃을 피우면서 쓴 쑥과 같은 강한 향내를 풍기는 배스타드 페니로열(bastard pennyroyal, 박하) 때문에 나는 영혼을 살찌우고 땅에 대한 애착을 일깨우고, 스스로를 존중하는 행복한 사람이 된다. 공기는 섬유질로 이루어져 퍼덕이는 비둘기 날개에도 찢겨 나갈 것만 같다. 나는 신에게 감사한다. 나는 선물을 받을 만한 어떠한 일도 한 적이 없다. 주목을 받을 만큼 가치 있는 존재도 아니다. 그러나 나는 지금 환희로 가득 차 있다. 나는 때 묻고 쓸모없는 인간에 지나지 않지만 세상은 금빛으로 빛나며 나에게 기쁨을 선사한다. ─『저널』

　소로는 자연의 순리에 따라 살아가는 삶이야말로 가장 보람 있고 훌륭하다고 생각한다. 자연은 변화하면서도 한결같기 때문이다. 그리하여 그는 자신의 삶을 과일이나 꽃에 자주 빗대고는 하였다. 햇살과 공기와 비를 맞으며 과일이 무르익고 계절에 따라 꽃이 피듯이 자신의 삶도 그렇게 원숙해지기를 바랐다. 소로처럼 사과 익는 냄새를 맡을 수 있기 때문에 가난하지 않다고 생각하는 사람은 그다지 많지 않을 것이다. 사과 익는 냄새를 맡으면서도 마음 한구석에서는 부(富)와 명예를 생각할 것이다. 소로가 이렇게 홍수처럼 넘쳐나는 삶의 희열을 느낄 수 있는 것은 바로 자연을 벗 삼고 있기 때문이다. 그리고 그는 이러한 기회를 준 신에게 감사를 드린다.

나는 내 귀로는 결코 들을 수 없는 자연의 소리를 언제나 듣고 있지만 겨우 그 첫 멜로디를 들을 뿐이다. 자연은 내가 한 발 다가서면 어김없이 한 발 뒤로 물러서고는 한다. 뒤로, 뒤로, 자연과 그 속에 감긴 의미는 언제나 그렇게 뒤로 물러서 있다. 그러나 자연의 신념과 기대는 그 자체만으로도 귓가에 들려오는 것이 아닐까? 나는 끝내 보지 못하였고, 끝내 듣지도 못하였다. 그러나 가장 좋은 부분은 눈에 보이지도 않고 귀에 들리지 않는 법이 아닌가. ―『저널』

자연은 눈으로 보고 귀를 들을 수 있고 손으로 만져 볼 수 있는 것이라고 생각하기 쉽다. 그러나 소로는 감각을 통하여 느낄 수 있는 자연 말고도 귀로 듣고 손으로 만져 볼 수 없는 자연도 얼마든지 있다고 말한다. 자연은 마치 수줍은 여성과 같아서 앞으로 다가가면 한 발 뒤로 물러난다. 자연의 깊은 의미는 보이지도 않고 들리지도 않는 곳에 있다는 데 그 묘미가 있다. 영국의 낭만주의 시인 존 키츠도 "귀에 들리는 음악보다는 귀에 들리지 않는 음악이 더 달콤하다."라고 말하지 않았던가.

화이트 호수와 월든 호수는 지구 표면에 있는 큼직한 수정(水晶)으로 '빛의 호수'이다. 만약 이 호수들이 영원히 결정체가 되어 손에 움켜질 수 있을 만큼 작았다면, 아마 제왕들이 보석처럼 이마를 장식하기 위하여 노예들을 시켜 가져갔을 것이다. 그러나 이 호수들이 액체 상태로 있는 데다가 그 양이 풍부하고 우리와 우리 자손들에게 영원히 확보되어 있기 때문에 우리는 그것들을 무시하고 그 대신 '코히누르의 다이아몬드'를 뒤쫓는다. 이 호수들은 너무 순수하여 시장 가격을 매길 수 없다. 여기에 더러움이라고는 없다. 이 호수들은 우리의 삶보다 얼마나 더 아름다우며 우리의 인격보다 얼마나 더 투명한가! 우리 인간들은 이 호수들에서 비천함을 결코 배울 수 없다. 이 호수들은 오리들이 헤엄치는 농부의 집 앞 웅덩이보다 얼마나 훨씬 더 깨끗한가! 이곳으로 깨끗한 야생 물오리들이 찾아온다. 대자연에 살고 있는 인간은 자연을 고마워할 줄 모른다. 아름다운 깃털과 노랫가락을 지닌 새들은 꽃들과 함께 조화를 이룬다. 그러나 그 어떤 청년, 어떤 처녀가 대자연의 야성적이고 풍요로운 아름다움과 호흡을 같이하는가! 자연은 청년들과 처녀들이 살고 있는 도시에서 멀리 떨어져 홀로 활짝 피어난다. 그런데도 천국을 이야기하다니! 그대는 대지를 모독하는 것이 아니고 무엇이겠는가. ─『월든』, 「호수」

프랑스의 무신론적 실존주의 소설가 알베르 카뮈는 신에 의존하는 것은 현세의 삶에 대한 '모욕'일 뿐만 아니라 더 나아가 현세의 삶에 대한 '죄악'이라고 말한 적이 있다. 그것이 죄악인 이유는 현세의 삶에 절망하기 때문이 아니라 오히려 내세의 삶에 소망을 두고 현세의 삶을 회피하기 때문이라는 것이다. 적어도 이 점에서 카뮈의 생각은 소로의 생각과 아주 비슷하다. 소로는 이렇게 아름다운 자연을 도외시한 채 천국을 이야기하는 것은 "대지를 모독하는 것"이라고 말한다.

"자연은 그들이 살고 있는 도시에서 멀리 떨어져 홀로 활짝 피어난다."라는 구절도 눈여겨볼 필요가 있다. 자연과 도시 문명 사이에는 분명한 거리가 있음을 시사하는 대목이다. 김소월은 「산유화」에서 "산에는 꽃 피네 / 꽃이 피네 / 갈 봄 여름 없이 / 꽃이 피네 // 산에 / 산에 / 피는 꽃은 / 저만치 혼자서 피어 있네."라고 노래한다.

"코히누르의 다이몬드"란 1850년 영국의 빅토리아 여왕이 소유한 커다란 다이아몬드를 말한다.

내가 자연을 사랑하는 이유 중 하나는 자연이 인간에게서 멀리 떨어진 은신처기 때문이다. 인간의 제도는 자연을 통제할 수도 없고 자연을 감염시킬 수도 없다. 자연은 인간 세상과는 다른 종류의 권리로 가득 차 있다. 자연 속에서 나는 완전한 기쁨을 누릴 수 있다. 만약 이 세상이 온통 인간의 것으로 가득 차 있다면, 나는 기지개를 켤 수 없을 것이고, 모든 희망을 잃어버리고 말 것이다. 나에게 인간은 구속인 반면 자연은 자유다. 인간은 나로 하여금 또 다른 세상을 꿈꾸게 한다. 그러나 자연은 나를 이 세상에 대하여 만족하게 한다. 자연이 주는 기쁨은 인간의 통치와 정의의 지배를 받지 않는다. 인간의 손이 닿으면 모든 것이 더러워진다. 인간의 생각은 하나같이 도덕화(道德化)하고 만다. 아마 인간에게 자유롭고 기쁨에 찬 노동이 가능하다고 생각하는 사람은 없을 것이다. 인간에 기반을 둔 기쁨과 비교해 볼 때 자연에 기반을 둔 기쁨이란 아무리 적어도 얼마나 순수한가! 자연이

자연 **81**

주는 기쁨은 사랑하는 사람이 우리에게 들려주는 솔직한 말 한 마디에 빗댈 수 있다. —『저널』

　소로의 자연관과 인간관을 단적으로 읽을 수 있는 대목이다. 그에게 자연과 인간, 자연과 문명은 서로 타협할 수 없는 이항 대립적인 관계에 놓여 있다. 한마디로 자연이란 인간이 아닌 것, 문명이 아닌 것이다. 그의 태도는 "인간의 손이 닿으면 모든 것이 더러워진다."라는 구절에 잘 드러난다. 손에 닿은 모든 것을 황금으로 만들어 버린다는 그리스 신화의 미다스 왕처럼 인간도 손에 닿은 것마다 더럽힌다. 소로는 대초원을 비롯한 자연이 인간의 제도가 미처 손길을 뻗치지 못하는 곳에 자리 잡고 있다고 말한다.

인간

내가 숲 속으로 들어간 것은 삶을 의도적으로 살아 보고, 오직 삶의 본질적인 문제에 직면하며, 삶이 가르쳐 줘야 하는 것을 내가 배울 수 없는지 알아보고 싶었기 때문이었다. 그리하여 마침내 죽음을 맞이할 때 내가 헛되게 살지 않았다는 사실을 깨닫고 싶었기 때문이었다. 산다는 것은 그처럼 소중한 것이기 때문에 나는 삶이 아닌 삶은 살고 싶지 않았던 것이다. 불가피한 경우를 제외하고는 삶을 체념하고 싶지 않았다. 나는 삶을 깊이 있게 살기를 원하였고, 삶의 골수를 모두 빨아먹기를 원하였으며, 스파르타 인처럼 강인하게 살아서 삶이 아닌 모든 것을 내쫓아 버리고 싶었다. 풀밭을 넓게 베어 내고 털을 짧게 깎듯 철저히 노력하고 삶을 한구석으로 몰고 가 최소한의 요소들로 축소해 버린 뒤, 만약 그 삶이 보잘것없는 것으로 드러나면 그 보잘것없음 그대로를 진정으로 체험하여 세상에 알리고, 반대로 삶의 숭엄함이 드러나면 그것을 그대로 체험하여 다음번의 세상 여행 때 그것에 대하여 참다운 보고를 하고 싶었던 것이다. 내가 보기에 대부분의 사람들은 삶이 악마의 것인지 신의 것인지 이상하게도 확신을 가지고 있지 못하고 있으며, 사람이 사는 중요한 목적이 "영원히 신을 찬미하고 신으로부터 기쁨을 얻는 것"이라고 다소 성급하게 결론을 내리는 것 같다.

우리는 아직도 개미처럼 비천하게 살고 있다. 우화를 보면 우리는 이미 오래전에 개미에서 인간으로 변하였는데도 말이다. 우리는 난쟁이 부족처럼 학들과 싸우고 있다. 그것은 착오에 덧붙인 착오며 누더기 위에 덧기운 누더기다. 우리의 최고의 덕은 쓸모없고 피할 수 있는 불행의 경우에만 그 모습을 드러낸다. 우리는 삶을 사소한 일로 흐지부지 헛되게 쓰고 있다. 정직한 사람은 셈을 헤아릴 때 열 손가락 이상을 사용할 필요가 거의 없으며, 극단의 경우에는 발가락 열 개를 더 사용하면 될 것이고, 그 이상은 하나로 묶어 버리면 될 것이다. ―『월든』, 「나는 어디서, 무엇을 위하여 살았는가」

소로는 월든 호숫가에 오두막을 짓고 그곳에서 2년 2개월 동안 살았다. 그가 이 오두막에 살기 시작한 것은 1845년 7월 4일, 그러니까 미국의 독립 기념일이었다. 이 날 콩코드 주민들이 폭죽을 터뜨리며 요란하게 독립 기념일 축제를 벌이는 동안 소로는 손수레에 초라한 보따리를 싣고 월든 호수가 있는 숲으로 들어갔다. 바로 이날 미국은 영국 식민주의의 굴레로부터 해방되었지만 소로는 이 무렵 미국을 지배하던 물질주의적 삶과 그 가치관으로부터 독립을 선언한 셈이다. 그가 자급자족을 하며 오두막에서 2년 넘게 산 것은 그야말로 '위대한 실험'이었다.

우리의 삶에는 정말로 아무런 죄가 없었나? 생각이나 행동에서 동료 인간이나 짐승에 대하여 우리는 '비인간적(非人間的)으로' 살지 않았는가? 우리는 매주 이렇게 스스로 물어 볼 필요가 있다. 평온과 성공을 위하여 우리는 우주와 하나가 되어야 한다. 어떤 피조물에게 아무리 무의식적이나마 필요 이상으로 해를 끼치는 것은 그 점에서는 일종의 자살 행위다. 살인자가 어떠한 평화를(또는 삶을) 누릴 수 있단 말인가? ―『저널』

"비인간적"이라는 말은 인간이 아니라는 뜻이 아니라 인간의 도리에 어긋난다는 뜻이다. 소로는 필요 이상으로 짐승에게 피해를 입히는 것은 비인간적인 행위이라고 말한다. 동료 인간에 대한 학대에 대해서는 목에 힘을 주고 외치면서도 우리는 자신도 모르게 동물을 학대하는 경우가 참으로 많다. 그러나 소로는 행동으로는 말할 것도 없고 더 나아가 생각 속에서도 동물을 학대하거나 업신여겨서는 안 된다고 말한다. 행동에서나 마음속에서나 동물을 학대하는 것이야말로 "비인간적"인 일이다.

다른 피조물을 해치는 행위를 두고 소로가 "자살 행위"라고 말하는 까닭이 어디 있을까? 궁극적으로 그 피해가 부메랑처럼 인간에게로 다시 돌아오기 때문이다. 생태계 구성원들은 마치 그물이나 망처럼 서로 연결되어 있어 어느 하나가 없어지면 다른 것들도 영향을 받게 마련이다. 거미줄의 한 끝을 움직이면 거미줄 전체가 움직이는 것과 똑같은 이치다. 말굽에 박을 못이 하나 없어서 왕국을 잃었다는 말도 있지만 아무리 작은 개체나 종이라도 생태계에서는 없어서는 안 될 소중한 식구들이다.

소박하게, 소박하게, 소박하게 살도록 하라! 내가 힘주어 말하거니와 그대의 일을 두세 가지로 줄일 것이며, 백 가지나 천 가지가 되지 않도록 하라. 백만 대신에 대여섯만 헤아릴 것이며, 계산은 엄지손가락만 가지고 할 수 있도록 하라. 문명 생활이라는 이 험난한 바다 한가운데에서는 구름과 태풍, 유사(流砂) 따위 수많은 상황을 살펴야 하기 때문에 배가 침몰하여 바다 밑에 가라앉아 목적지에 입항하지 못하는 사태가 벌어지지 않도록 하기 위해서는 오직 추측(推測) 항법(航法)으로써 살아갈 수밖에 없다. 그러므로 성공하기 위해서는 참으로 뛰어나게 계산을 잘하는 사람이 되어야 할 것이다. 간소화하고 또 간소화하라. 하루에 세 끼를 먹는 대신에 필요하다면 한 끼만 먹어라. 백 가지 요리를 다섯 가지로 줄여라. 그리고 다른 일들도 그러한 비율로 줄이도록 하라. 지금 우리 삶은 마치 독일 연방과도 같다. 독일 연방은 수많은 군소 국가들로 되어 있고, 그 국경선은 끊임없이 변하고 있기 때문에 독일인 자신도 한순간 국경선이 어떻게 되어 있는지 알지 못한다. 우리 국가도 외적이고 피상적인 것에 지나지 않는 이른바 내적 개선에도 여전히 걷잡을 수 없이 비대해진 조직체에 지나지 않는다. 이 나라의 수많은 가정처럼 이 조직체는 지금 가구가 어지럽게 널려 있어 자기가 쳐 놓은 덫에 걸려 있는 상태에 있으며, 사치와 무모한 낭비 때문에 그리고 치밀한 계산과 가치 있는 목적이 없어 파산 상태에 이르렀다. 이러한 가정과 이러한 국가를 치유하는 길은 엄격히 절약하고 스파르타 인 이상으로 생활을 간소화하고 목표 의식을 향상시키는 방법밖에는 없다. ―『월든』,「나는 어디서, 무엇을 위하여 살았는가」

『월든』 전편에 흐르는 사상을 한마디로 요약한다면 '소박함'이라고 할 수 있다. 이 책 곳곳에서 소로는 우리들에게 소박하고 검소하게 살 것을 권한다. 마치 주문을 외우기라도 하듯 세 번에 걸쳐 "소박하게, 소박하게, 소박하게 살아라!"라고 힘주어 말한다. 소로는 이 무렵 미국인들이 사치스러울 만큼 의식주 문제에 지나치게 신경을 쓰는 것을 경계한다. 그렇다면 그가 이렇게 소박한 삶을 살 것을 주장하는 까닭이 어디에 있을까? 의식주 문제에 지나치게 신경을 쓰면 쓸수록 정신생활은 그만큼 빈약해지기 때문이다. 19세기 영국 낭만주의 시인 윌리엄 워즈워스도 "생활은 소박하게, 그러나 생각은 높게" 할 것을 가르친다.

이 무렵 미국인들의 삶을 독일 연방 국가에 빗대는 것도 흥미롭다. 19세기 중엽 독일 연방은 1871년에 철의 재상 오토 폰 비스마르크가 통일하기 전까지 무려 39개의 군소 국가로 나뉘어 있었다. 독일인들조차 국경이 어딘지 알지 못할 정도였다고 하니 얼마나 사분오열(四分伍裂)되었는지 짐작할 만하다. 의식주 문제에 지나치게 신경을 쓰다 보면 우리의 정신세계도 중심을 잃고 사분오열이 될 것이다.

나는 숲에 들어갈 때와 똑같이 중요한 이유로 숲을 떠났다. 내게는 살아야 할 또 다른 몇 개의 삶이 남아 있는 것처럼 느꼈으며, 그래서 숲 생활에는 더 이상의 시간을 할애할 수 없었다. 자신도 느끼지 못하는 사이에 얼마나 쉽게 어떤 특정한 길을 밟게 되고 스스로를 위하여 다져진 길을 만들게 되는지 참으로 놀라운 일이다. 내가 숲 속에 산 지 일주일이 채 되지 않아서 내 집 문간에서 연못까지는 내 발자국으로 길이 생겨났다. 내가 그 길을 사용하지 않은 지 5, 6년이나 되었는데도 그 길은 아직도 뚜렷이 윤곽이 남아 있다. 아마 다른 사람들도 그 길을 밟아 그 길이 계속 남아 있게 되었는지도 모른다. 땅의 표면은 부드러워서 사람의 발에 자국이 나도록 되어 있는 법이다. 마음의 길도 마찬가지다. 그렇다면 이 세상의 큰길은 얼마나 닳고 먼지투성이일 것이며, 전통과 타협의 바퀴 자국은 또 얼마나 깊이 패어 있겠는가! 나는 편히 선실에 묵으면서 항해하는 것보다는 차라리 돛대 앞에, 갑판 위에 있기를 원하였다. 나는 이제 그 아래로 내려가고 싶은 생각은 없다. ―『월든』, 「결론」

    소로는 월든 호숫가에서 살기로 마음먹은 것과 꼭 마찬가지로 그 호숫가의 생활을 청산하고 다시 인간 세계로 돌아온다. 그에게는 숲 속에서의 생활 못지않게 또 다른 생활이 중요하기 때문이다. 타성의 길, 관습의 길이 두려웠던 것이다. 그러나 다시 인간 세계로 내려온 소로는 이제 더 이상 그 옛날의 그는 아니다. "나는 편히 선실에 묵으면서 항해하는 것보다는 차라리 돛대 앞에, 갑판 위에 있기를 원하였다."라는 말에서도 잘 드러나듯이 그는 앞으로 좀 더 새로운 눈으로 인간과 그 사회를 바라볼 것이다. 그렇다면 소로가 월든 호숫가의 오두막집에서 나온 것은 그 오두막집으로 들어간 것과 마찬가지로 자못 중요한 의미를 지닌다.

남자와 여자가 상대방에게 서로 그토록 이끌리고 있으면서도 그들의 본질적인 차이를 아직껏 아무도 만족스럽게 설명해 주지 못하고 있습니다. 어쩌면 남자는 지혜를 가지고 있는 반면 여자는 사랑을 지니고 있다는 구별이 옳다고 인정하여야 할지 모르겠습니다. 물론 이 두 가지 특성이 그들 성(性)에게만 전적으로 속해 있다고 볼 수는 없지만 말입니다. 남자들은 여자들에게 "왜 당신들은 좀 더 현명해질 수 없느냐?"라고 끊임없이 말하고 있습니다. 한편 여자들은 남자들에게 "왜 당신들은 좀 더 애정을 가질 수 없느냐?"라고 끊임없이 말하고 있지요. 현명해지거나 애정을 가지는 것은 그들의 의지에 달려 있지 않습니다. 그러나 각자가 현명하면서 동시에 애정을 가지지 않는다면, 지혜도 사랑도 있을 수 없을 겁니다. ―「사랑」

소로가 1852년 9월에 쓴 사랑에 관한 느낌을 적은 글이다. 해리슨 블레이크에 보낸 편지와 함께 들어 있다. 그런데 이 글에서는 소로의 여성관을 단적으로 엿볼 수 있어 흥미롭다. 그는 남성과 여성의 차이를 현명함과 사랑, '머리'와 '가슴'이라는 이분법으로 이해하려고 한다. 이러한 차이는 어디까지나 사회적이나 문화적으로 '만들어진' 허구라는 사실을 까맣게 잊고 있다.

소로는 1852년 1월 31일에 적은 『저널』에서도 "동양 여자들은 얼굴을 열심히 가린다. 서양 여자들은 다리를 열심히 가린다. 하나같이 여자들이 두뇌가 없다는 것을 증명할 뿐이다."라고 말한다. 동양과 서양을 가르지 않고 여성이란 하나같이 두뇌를 가지고 있지 않다는 것이다. 여기에서는 그는 남성과 여성을 현명함의 잣대로 나누려고 한다.

페미니즘 이론가들은 소로에게 분명히 가부장 질서에 길들여진 남성 우월주의자라는 낙인을 찍을 것이다.

우리는 왜 이렇게 쫓기듯 삶을 낭비하면서 살아야 하는가? 우리는 배가 고프기도 전에 굶어 죽을 각오를 단단히 하고 있다. 사람들은 제때에 꿰맨 한 바늘이 나중에 아홉 바늘의 수고를 덜어 준다고 말한다. 그러면서 내일 아홉 바늘을 덜기 위하여 오늘 천 바늘을 꿰매고 있다. 일로 말하자면, 우리는 이렇다 할 만하게 중요한 일이 없다. 그저 무도병(舞蹈病)에 걸려 도저히 머리를 가만히 둘 수 없을 뿐이다. 내가 만약 마치 불이 난 것처럼 교회의 종을 몇 번 잡아당기기라도 하면, 콩코드 주변의 농장에서 일하는 모든 남자들, 오늘 아침까지만 하여도 그처럼 여러 번이나 일로 바쁘다고 변명하던 남자들은 물론이고 아이들과 아녀자들까지 만사를 제쳐 두고 그 종소리를 듣고 달려올 것이다. 그러나 진실을 고백하자면 불길에서 재산을 건지려는 것보다는 오히려 불구경을 하려는 목적이 크다고 할 수 있다. 어차피 그것은 타 버릴 것이고, 불을 낸 것은 우리가 아니니까 하면서 말이다. 아니면 불 끄는 것을 구경하고, 또 불 끄는 일을 멋지게 해낼 수 있다면 그 작업에 한몫 끼려고 할 것이다. 그렇다, 비록 불이 난 건물이 교구 교회라도 말이다. 점심을 먹은 뒤 반시간 낮잠을 잔 뒤 잠에서 깨어나자마자 그는 고개를 쳐들고 마치 나머지 인구가 모두 그의 불침번을 선 것처럼 "무슨 새로운 뉴스가 없소?"라고 묻는다. 어떤 사람은 바로 그러한 목적으로 반시간마다 잠에서 깨워 달라고 지시한다. 그리고 나서 그것에 대한 보답으로 자신이 꾼 꿈의 내용을 말해 준다. 하룻밤 잠을 잔 뒤에 뉴스는 아침 식사처럼 없어서는 안 될 것이다. "지구상 어디에서 일어난 일이든 관계없으니 어떤 사람에게 무슨 일이 일어났는지 새로운 소식이 있으면 알려 주오."라며 커피와 롤빵으로 아침식사를 하며 신문을 읽는다. 그가 읽는 뉴스는 오늘 아침 와치토 강에서 어떤 사람이 싸우다가 눈이 뽑혔다는 소식이다. 그런데 자기 자신이 이 세상이라는 어둡고 깊이를 알 수 없는 거대한 동굴에 살고 있으며, 퇴화되어 흔적만 남아 있는 눈 하나만 가지고 있다는 사실은 꿈에도 알지 못하고 있는 것이다. ―『월든』, 「나는 어디서, 무엇을 위하여 살았는가」

 "호미로 막을 데 가래로 막는다."라는 우리 속담을 영국인이나 미국인들은 "제때의 한 바늘이 나중에 아홉 바늘의 수고를 덜어 준다."라고 말한다. 때가 늦기 전에 적절한 조치를 취하면 뒷날에 닥쳐 올 수고를 미리 막을 수 있다는 말이다. 그러나 사람들은 지나치게 미래를 염려하는 나머지 현재의 삶을 게을리 한다고 소로는 한탄한다. 무도병에 걸린 사람은 잠시도 가만히 있지 못하고 춤추듯 계속 몸을 흔들어 댄다. 소로는 일상에 쫓기며 하루하루 각박하게 살아가는 문명인들이 바로 무도병에 걸려 있는 것과 다르지 않다고 개탄한다. 신약성서에서도 "내일 걱정은 내일이 맡아서 할 것이다. 한 날의 괴로움은 그날에 겪는 것으로 족하다."(「마태복음」 6장 34절)라는 구절이 있다.

우리가 사랑할 수 있는 사람들을 우리는 증오할 수 있다.
다른 사람들에 대해서는 우리는 무관심하다. —『저널』

    이 말은 언뜻 역설적으로 들릴는지도 모른다. 그러나 역설법이 흔히 그러하듯이 모순되고 상충되는 것 같은 말 속에 진리가 들어 있다. 사랑과 증오는 마치 종이의 양면과 같아서 쉽게 뒤집을 수 있다. 다시 말해서 증오란 사랑의 다른 감정이며 사랑도 증오의 다른 표현일는지 모른다. 아예 사랑의 감정이 없다면 증오의 감정도 생겨나지 않을 것이다. 이 두 감정은 쉽게 서로 바뀔 수 있다. 이 세상에 무관심처럼 무서운 것은 없다. 무관심은 강철벽과 같아서 사랑도 증오도 끼어들 틈을 주지 않는다. 그리하여 영국 소설가 서머싯 몸은 "사랑의 비극은 이별이 아니라 무관심"이라고 말하였던 것이다.

    그대의 삶이 아무리 보잘것없다고 하더라도 그것과 맞서서 살도록 하라. 삶을 회피한다든지 고약한 이름으로 욕하지 마라. 그대의 삶은 그대만큼 그렇게 엉망이지는 않다. 그대가 가장 부자일 때 그대의 삶은 가장 가난하게 보인다. 헐뜯기 좋아하는 사람은 심지어 천국에 가서도 헐뜯는다. 그대의 삶이 아무리 보잘것없더라도 그것을 사랑하라. 그대가 비록 구빈원(救貧院)의 신세를 지고 있더라도 그곳에서 유쾌하고 신바람 나는 멋진 시간을 보낼 수 있다. 지는 해는 부자의 저택과 마찬가지로 양로원의 창에도 밝게 비친다. 봄이 오면 양로원 문 앞의 눈도 마찬가지로 녹는다. 삶을 차분하게 바라보는 사람은 그런 곳에서 살더라도 마치 궁전에 사는 것처럼 만족하고 즐겁게 생각할 수 있을 것이다. 때때로 마을의 가난한 사람들이 가장 독립적인 생활을 하는 것 같은 생각이 든다. 어쩌면 그들은 기분을 상하지 않고서도 남의 도움을 받아들일 만큼 마음이 넓은지도 모른다. 대부분의 마을 사람들은 자신들이 마을로부터 경제적 도움을 받는 것을 도저히 상상도 할 수 없다고 생각하고 있다. 그러나 그들은 부정한 방법으로밖에는 돈을 벌어 생활할 수 없는데, 그것이야말로 훨씬 더 불명예스러운 일이다. ―『월든』, 「결론」

    소로의 낙관주의적 인생관과 세계관을 읽을 수 있는 대목이다. 삶이 아무리 보잘것없어 보일지라도 실제로는 그렇게 엉망이지 않다고 위로한다. 현세주의자인 그는 내세나 저승에 허황된 희망을 두기보다는 현세나 이승의 삶에 충실할 것을 가르친다. 바라보는 관점에 따라 지상의 삶이 천국의 삶보다 더 나을 수 있다는 것이다. 또한 소로는 같은 현세의 삶을 살더라도 가난하다고 주눅 들 필요도 없고 부자라고 교만할 필요가 없다고 가르친다. 그의 말대로 태양은 부자의 저택과 마찬가지로 양로원의 창에도 밝게 비치기 때문이다. 이 글에서는 여러 모로 "삶이 그대를 속일지라도 서러워하거나 노여워 마라."라는 알렉산데르 푸슈킨의 시구가 떠오른다.

어떤 사람들은 우리 미국인들, 그리고 일반적으로 현대인들이, 고대인들은 말할 것도 없고 심지어 엘리자베스 여왕 시대의 사람들과 비교해서도 지적(知的)인 난쟁이에 지나지 않는다는 말을 귀가 따갑게 떠들어 대고 있다. 그러나 그것이 과연 어떻단 말인가? 죽은 사자보다는 살아 있는 개가 더 나은 법이다. 자기가 왜소한 피그미 족의 일원이라고 해서 가장 큰 피그미가 되려고 노력하지 않고 가서 목을 매달아 죽어야 한단 말인가? 각자는 자기 자신의 일에 열중하고 타고난 천성에 따른 인간이 되도록 노력하여야 한다.

우리는 왜 성공하려고 그토록 필사적으로 서두르며 그토록 무모하게 일을 추진하는 것일까? 어떤 사람이 자기 동료와 발을 맞추지 못한다면 그는 어쩌면 다른 고수(鼓手)의 북소리에 귀를 기울이고 있기 때문일지 모른다. 그 북소리의 박자가 어떻든 또한 그 소리가 얼마나 멀리서 들리든 그 사람이 자신이 듣는 음악에 따라 발을 맞추도록 내버려 두라. 그가 사과나무나 떡갈나무처럼 빠른 속도로 성숙하여야 할 필요는 없다. 그가 자신의 봄을 여름으로 바꾸어야 한단 말인가? 우리의 천성에 맞는 여러 여건이 아직 갖추어져 있지 않다면, 그것을 대신할 수 있는 현실이란 과연 무엇인가? 우리는 헛된 현실이라는 암초에 배를 난파시켜서는 안 된다. 우리는 애써 우리 머리 위에 푸른색 유리로 된 하늘을 만들어야 한단 말인가? 비록 그것이 완성된다고 하더라도 우리는 분명히 그런 것은 없다는 듯 여전히 그 훨씬 너머로 정기에 가득 찬 진짜 하늘을 바라볼 텐데도 말이다. ―『월든』,「결론」

'고대인과 현대인의 싸움' 또는 '신구(新舊) 논쟁'이라는 항목이 서양 지성사의 한 쪽을 장식한다. 한마디로 고대인이 이 세계에 대한 지식을 더 많이 갖고 있는가, 아니면 현대인이 더 많은 지식을 갖고 있는가를 두고 벌인 논쟁이다. 전자의 입장을 취하는 사람들은 고대인이 역사의 현장에 가까이 있었기 때문에 현대인보다 경험의 폭이나 지식의 깊이가 낫다고 지적한다. 그러나 후자의 입장을 취하는 사람들도 만만치 않아서 현대인들은 비록 고대인보다 후대에 살고 있어도 고대인이 이룩한 지식과 경험의 토대로 삼고 있기 때문에 더 큰 안목을 지니고 있다고 주장한다. 그리하여 그들은 '거인의 어깨 위에 서 있는 난쟁이'라는 표현을 사용하기도 한다.

 소로는 현대인 쪽에 손을 들어준다. 현대인을 "지적 난쟁이"로 보려는 태도에 쐐기를 박는다. 그의 태도는 "죽은 사자보다는 살아 있는 개가 더 나은 법이다."라는 격언에서도 단적으로 엿볼 수 있다. 설령 현대인이 옛날 사람보다 못하다고 하더라도 좌절하거나 절망할 필요가 없다고 밝힌다. 타고난 능력에 따라 최선을 다하면 될 뿐이다.

 행진이나 열병(閱兵)을 할 때 다른 사람들과 보조를 맞추지 못하는 한두 사람을 심심치 않게 보게 된다. 삶에서도 이러한 현상을 자주 본다. 자신이 살고 있는 시대의 북소리에 발을 맞추지 못하고 다른 고수의 북소리에 발을 맞추어 행진하는 사람들이 간혹 있다. 소로도 바로 그러한 사람 가운데 하나다. 그는 19세기 중엽의 북소리에 발을 맞추지 않고 앞으로 다가올 미래의 북소리에 발을 맞추었다. 우리는 그를 시대의 낙오자라기보다는 오히려 미래를 내다본 선구자요 선각자라고 하여야 할 것이다. 분명히 소로는 그가 살고 있던 시대보다 몇 십 년,

아니 몇 백 년을 앞선 사람이었다. 그의 메시지는 그가 살던 19세기 중엽에는 이렇다 할 만한 반향을 불러일으키지 못하였다. 그러나 21세기의 문턱을 막 넘어선 지금 그의 목소리는 큰북 소리처럼 크게 울려 퍼지면서 뭇 사람의 가슴을 파고든다. 일본 작가 무라카미 하루키(村上春樹)가 발표한 글에 『먼 북소리』라는 제목을 붙인 것도 이 구절에서 힌트를 얻은 것이다.

우리가 맑은 수정으로 남아 있으려면 얼마나 주의를 기울여야 하는가! 세상에서 묻은 때 때문에 사물의 모습을 제대로 비출 수 없는 흐린 수정이 되지 않도록 말이다. 만약 우리 마음속에 자유와 평화가 없다면 우리가 가진 권리에 무슨 가치가 있을 것인가? 우리의 내면 깊숙한 곳에 홀로 서 있는 인간이 썩은 흙탕물 웅덩이와 같다면 우리의 자립이 무슨 소용이 있다는 말인가? 우리는 세상과 접촉하면서 너무 자주 마음이 흔들려 수정처럼 맑게 세상을 비추지 못하고 있다. 우리를 감동시키는 아름다운 것은 하나같이 그 자체로 충분하다. 세상과 많은 관계를 맺었지만 시련을 잘 견뎌 내지 못한 사람들이 내 적이 되어 나에게 영향을 미친다. 그들은 가시고 껍질이다. 그들은 부드럽고 무구한 고갱이가 사라진 껍질 같은 존재, 가시만 남은 고슴도치 같은 존재다.

아, 이 세상은 우리에게 너무 힘겹다. 우리의 영혼은 우리가 일하는 곳에서 염색공의 손처럼 시꺼멓게 때가 묻는다. 빵을 얻는 과정에서 순결을 잃기보다는 차라리 굶어 죽는 쪽이 더 나을 것이다. 여기에 우리가 치료받으러 들어가기 전에 먼저 물결이 가라앉아 잠잠해져야 하는 베드자다의 연못이 있다. 만약 노인 안에 젊은이가 들어가 있지 않다면, 다시 말해서 산전수전 다 겪은 그의 몸 안에 순진함이 없다면 그는 악마의 천사들 가운데 하나에 지나지 않는다.

    나는 삶에 대하여 불만을 느끼면서 좀 더 나은 삶을 열망한다. 무엇인가를 기대하는 듯 양심의 소리에 더욱더 귀를 기울인다. 절제하고 겸손해진다. 그러자 나는 갑자기 속이 꽉 찬 견과처럼 삶으로 충만해진다. 내 속에는 지금 조용하고 부드러운 기쁨이 차고 흘러넘친다. 나는 혼잣말로 이렇게 중얼거린다. 아침 일찍 일어나서 아침 산보를 하여야지. 쾌락과는 당장 결별하고 내 시혼(詩魂)에 온 마음을 바쳐야지. 그리하여 내 강을 댐으로 막고 물을 나의 머리 쪽으로 모은다. 내 머리에 생각이라는 화물을 싣는다. ―『저널』

    이 글을 읽고 있노라면 영국의 낭만주의 시인 윌리엄 워즈워스의 시 「세상은 내게 너무 고달파」의 첫 구절을 떠올리게 된다. 이 작품에서 워즈워스는 "세상은 내게 너무 고달파, 아침부터 밤늦도록 / 벌고 쓰는 일에 있는 힘을 헛되이 써 버린다."라고 노래한다. 이 시에서 워즈워스는 인간이 가지고 있는 얼마 안 되는 창조 에너지를 이렇게 돈을 벌고 쓰는 일에 모두 낭비해 버린다는 사실에 안타까움을 느낀다.

    이렇게 세상살이에 인간의 영혼을 더럽히는 것을 안타까워하기는 소로도 마찬가지다. 소로는 워즈워스보다 한 발 더 나아가 "빵을 얻는 과정에서 순결을 잃기보다는 차라리 굶어 죽는 편이 더 나을 것이다."라고 밝힌다. "베드자다"는 예루살렘에 있는 연못으로 신약성서 「요한복음」 5장 7~9절에 따르면 예수가 눈먼 사람들과 다리 저는 이들, 중풍환자들을 치료해 준 곳이다.

내 독자 가운데에는 인생을 다 살고 난 사람은 단 하나도 없으리라. 인류 역사에서 지금은 기껏 봄철에 지나지 않을는지도 모른다. 우리 가운데에는 7년 동안 가는 옴 때문에 고생한 사람이 있을는지 모르지만, 아직 콩코드에서 17년을 산 매미를 본 사람은 없다. 우리는 우리가 살고 있는 지구의 극히 얇은 겉껍질에 대해서만 알고 있을 뿐이다. 대부분의 사람들은 지면에서 1.8미터 깊이를 파 본 적도 없고, 공중으로 1.8미터를 뛰어올라 본 적도 없다. 우리는 지금 자신이 어디에 있는지조차 모른다. 더구나 우리는 인생의 절반에 가까운 시간을 깊은 잠으로 보낸다. 그런데도 우리는 스스로를 현명하다고 생각하고 있으며, 지구의 표면에 제도화된 질서를 세우고 있다. 참으로 우리는 심오한 사상가며 야심만만한 영혼이 아닌가! 내가 지금 서 있는 숲에는 땅 위에 깔린 솔잎들 사이로 벌레 한 마리가 기어가면서 내 눈에 띄지 않도록 숨으려고 하고 있다. 나는 이 벌레가 왜 그처럼 좁은 생각을 품고서 어쩌면 자신의 은인이 될 수도 있고 벌레의 족속에게 좋은 소식을 가져다줄는지도 모르는 나로부터 자신의 머리를 감추려고 드는가 자문한다. 그러면서 나는 나라고 하는 인간 벌레 위에 서 있는 더 큰 '은인', 더 큰 '지력'을 가진 어떤 존재를 의식하지 않을 수 없다. ─『월든』,「결론」

어떤 종류의 매미는 지상에서 한 여름철을 보내려고 1년에서 무려 17년까지 땅 속에서 유충의 삶을 보낸다. 이솝 우화에는 매미나 베짱이가 한여름 노래만 부르다가 삶을 마감하는 것으로 되어 있듯 지상에서의 짧은 생애를 살기 위하여 그처럼 오랫동안 준비를 하는 것이다. 소로는 1843년 뉴욕을 방문하였을 때 땅 속에서 17년이나 살았던 매미를 보고 깊은 인상을 받은 적이 있다. 매미와 비교해 볼 때 인간의 삶은 참으로 길다. 그런데도 인간은 아직 인류의 역사에서 계절로 치자면 기껏 봄을 지나고 있을 뿐이다. 봄이라면 유년기에 해당하는 셈이다. 인류는 과학과 기술을 뽐내지만 자연에 대해서는 아직 깨닫지 못하고 있는 것이 너무 많다. 그렇다면 "참으로 우리는 심오한 사상가며 야심만만한 영혼이 아닌가!"라는 부분은 아무래도 반어법으로 보아야 할 것 같다.

내가 사람들과 멀어진 까닭은 자연과 가까워졌기 때문이다. 해와 달, 아침과 저녁에 대한 나의 관심 때문에 나는 고독하게 되었다. 이 세상에 석양 무렵 하늘만큼 숭고한 그림은 없다. 석양을 보기 위하여 누구와 만날 필요는 없다. 그러므로 나는 마땅히 사람들과 단절될 수밖에 없다. 자연의 아름다움을 명확히 깨닫는 바로 그 순간 정신은 인간 사회로부터 멀어진다. 교제에 대한 내 욕망은 무한히 크지만 실제 사회에 대한 내 적응력은 오히려 감소한다. ―『저널』

　소로는 자신이 인간 사회와 멀어진 까닭이 바로 자연과의 친화 때문이라고 밝힌다. 자연과 가깝게 지내면 지낼수록 인간 사회에서는 자연스럽게 멀어진다. 마찬가지로 인간 사회와 가까워질수록 자연과는 점점 멀어지게 된다. 그렇다면 소로에게 자연 친화와 문명 사회는 서로 반비례하는 셈이다. 그런데 소로에게 고독은 거추장스러운 멍에가 아니라 자랑스러운 훈장이다. 그는 이 고독을 벗 삼아 삶에 대하여 관조하고 명상한다. 자연에 대한 소로의 애정은 "이 세상에 석양 무렵 하늘만큼 숭고한 그림은 없다."라는 문장에서 단적으로 엿볼 수 있다.

문명

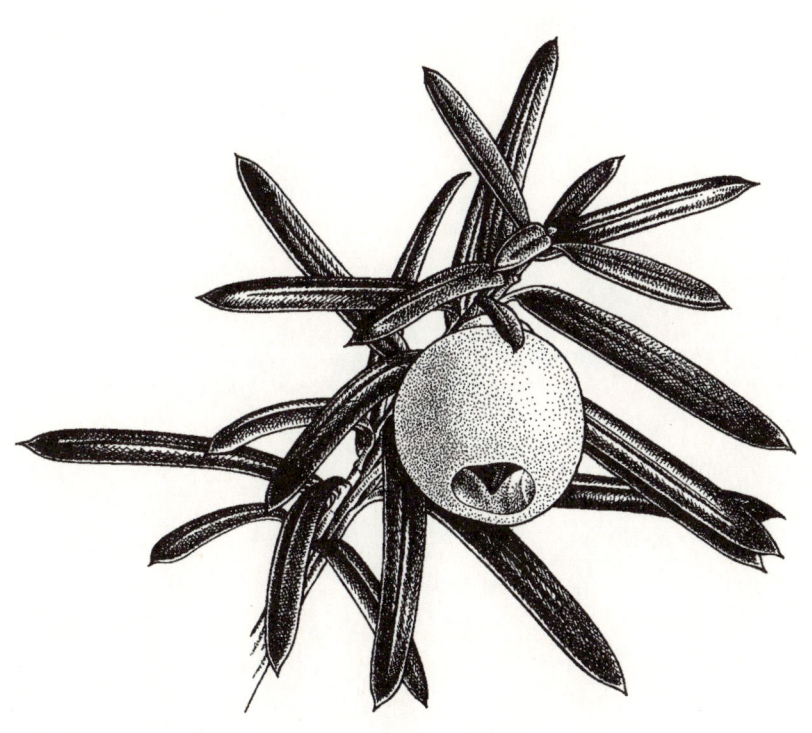

모든 사람은 혁명의 권리, 즉 정부의 폭정이나 무능력이 너무 커서 더 이상 참을 수 없을 때 정부에 대한 충성을 거부하고 정부에 저항하는 권리를 인정한다. 그러나 거의 모든 사람이 지금은 그런 때가 아니라고 말한다. 그러면서도 그들은 1775년의 혁명은 그러한 경우였다고 생각한다. 만약 누가 이 정부에 대하여 외국에 들여오는 어떤 상품에 세금을 부과하므로 나쁜 정부라고 말한다고 하더라도 나는 정부의 행동에 크게 신경을 쓰지 않을 것이다. 왜냐하면 나는 그러한 물건 없이도 살아갈 수 있기 때문이다. 모든 기계에는 마찰이 있게 마련이다. 그러나 이 마찰은 자신의 악(惡)을 상쇄할 만한 선(善)도 만들어 낼 것이다. 어쨌든 이러한 마찰 때문에 소란을 일으키는 것은 큰 잘못이다. 그러나 그 마찰이 기계 자체를 삼켜 버려 억압과 강탈이 조직적으로 이루어질 때에는 더 이상 기계를 그냥 내버려 두어서는 안 될 것이다. 바꾸어 말해서 자유의 피난처임을 자처해 온 국민 6분의 1이 노예이고, 또 한 나라의 전 국토가 외국 군대에게 짓밟히고 점령되어 군법의 지배에 놓여 있을 때, 정직한 사람들이 일어나 저항하고 혁명을 일으키는 것은 아무 때라도 결코 이르다고 할 수 없다. 그렇게 할 의무가 더욱 시급한 것은, 이 짓밟힌 나라가 우리나라가 아니며, 오히려 침략한 군대가 우리나라 군대라는 사실 때문이다. —『시민 불복종』

소로는 국가가 국민을 억압하는 기제로 작용할 때 국민에게는 혁명을 일으킬 권리가 있다고 지적한다. 미국이 지향하는 국가는 에이브러햄 링컨 대통령이 말하는 "국민의, 국민에 의한, 국민을 위한 정부"이기 때문이다. 물론 소로가 말하는 혁명은 어디까지나 비폭력적인 저항이다. "1775년의 혁명"은 아메리카 식민지가 종주국 영국과 일으킨 독립 전쟁을 말한다. 세금이란 영국이 아메리카 식민지에 수입되는 차(茶)에 부과한 세금을 말한다. 바로 보스턴 차 사건이 독립 전쟁의 도화선이 되었다. 그런데 소로는 미국이 이제 영국이 저지르던 악을 반복하고 있다고 지적한다. 자유의 피난처로 자처해 온 나라가 흑인을 노예로 삼는 자기모순을 범하고 있음을 비판한 것이다.

그대는 왜 그토록 서둘러 극장으로, 강의실로, 그리고 도시의 박물관으로 사라지는가? 이 자연 속에 잠깐만 머문다면 색다른 광경을 볼 수 있을 텐데 말이다. 물가를 산책해 보면 모든 시냇물과 강과 연못은 그대의 드넓은 산책로가 될 것이다. 발이 푹 빠지도록 순백(純白)의 수정으로 뒤덮인 땅도 볼 수 있으리라. 그대가 그 속을 미끄러져 갈 때 모든 나무와 그루터기는 얼음 갑옷 속에서 반짝거리리라.
―『저널』

소로에게 극장이나 강의실, 그리고 박물관은 자연과 어긋나는 도회 문명의 상징이다. 극장은 예술, 강의실은 교육, 박물관은 문화 유산을 뜻한다. 소로는 현대인들이 자연을 멀리한 채 도회 문명에만 매달리고 있는 모습을 무척 안타깝게 생각한다. 그에게 자연은 더할 나위 없이 좋은 교육장이다.

나는 신문에서 기억해 둘 만한 뉴스거리를 한 번도 읽은 적이 없다. 어떤 사람이 강도를 당하거나 살해당하거나 사고로 죽었다든가, 어떤 집이 불에 탔고, 어떤 배가 침몰하였고, 어떤 증기선이 폭발하였다든가, 어떤 암소가 서부 철도에서 기차에 치이고, 어떤 미친개가 죽임을 당하고, 겨울에 메뚜기 떼가 나타났다는 소식을 읽는다면 또 다른 뉴스를 읽을 필요가 없다. 한 번이면 충분하다. 원칙만 알고 있다면 무수한 실례와 응용을 구태여 알 필요가 있겠는가? 철학자에게 이른바 뉴스거리라는 것은 한낱 객담(客談)에 지나지 않는다. 그것을 편집하거나 읽는 사람은 차나 마시고 있는 늙은 부인들뿐이다. 그런데 이 객담에 걸신들린 사람이 적지 않다. 소문을 듣자 하니, 얼마 전에 한 신문사 사무실에 최근 뉴스를 알려고 사람들이 몰려드는 바람에 그 회사의 통유리 몇 장이 깨져 나갔다고 한다. 그런데 나는 이 해외 뉴스라는 것은 웬만큼 기지가 있는 사람이라면 열두 달 전이나 12년 전에 꽤 정확하게 작성할 수 있는 것이었다고 진지하게 생각한다. …… 영국에 관하여 말하자면, 그 나라에서 발생한 중요한 뉴스 가운데 가장 최근 것은 1649년의 혁명이었다. 당신이 영국의 1년 평균 농산물 수확량을 이미 알고 있다면, 영국의 농업을 대상으로 한 투기에 관계하지 않는 한, 이 문제에 다시 신경을 쓰지 않아도 될 것이다. 나처럼 신문을 별로 보지 않는 사람이 판단을 내리면 외국에서는 새로운 일이 전혀 일어나지 않는다고 하여도 지나친 말이 아니다. 이것은 프랑스에서 자주 일어나는 혁명을 포함하여 하는 말이다.

뉴스라니 도대체 무슨 뉴스 말인가! 시간이 지나도 낡지 않는 일을 아는 것이 얼마나 훨씬 더 중요한가! 거백옥(據佰玉, 위(魏)나라의 대부)은 공자(孔子)에게 사람을 보내어 근황을 물었다. 공자는 사자(使者)를 자기 옆에 앉히고 그에게 "그대의 주인은 지금 무엇을 하시는가?"라고 물었다. 그러자 사자는 공손히 "저의 주인은 스스로의 허물을 줄이려고 하지만 여의치 않사옵니다."라고 대답하였다. 사자가 간 뒤 공자는 "훌륭한 사자로다! 참으로 훌륭한 사자로다!"라고 말하였다는 것이다. ― 『월든』, 「나는 어디서, 무엇을 위하여 살았는가」

요즈음 신문과 라디오, 텔레비전에서는 가십이나 가십에 가까운 기사와 뉴스거리로 넘쳐 난다. 그다지 중요할 것도 없는 인기 연예인들이나 운동선수의 사생활이 기사거리가 되어 온통 신문 지면과 텔레비전 화면을 가득 채우는 것이 오늘날의 현실이다. 소로가 "철학자에게 이른바 뉴스거리라는 것은 한낱 객담에 지나지 않는다."라고 말하는 것도 무리가 아니다. 철학자에게는 말할 것도 없고 평범한 일반 사람들에게도 뉴스거리는 객담에 지나지 않는 경우가 많다.

사랑은 바람이요, 조수(潮水)요, 파도요, 햇빛이다. 그 힘은 헤아릴 수가 없다. 엄청난 마력을 지니고 있기 때문이다. 결코 멈추지도 않으며, 늦추지도 않는다. 휴식처도 없이 지구를 움직일 수 있다. 사랑은 불도 없이 따뜻하게 할 수 있고, 고기도 없이 배를 불릴 수 있다. 옷도 없이 입힐 수 있으며, 지붕도 없이 가려 줄 수 있다. 사랑은 그

안에 천국을 만들어 따로 밖에 천국을 만들 필요가 없게 한다. —「다시 찾게 될 천국」

소로는 그다지 길지 않은 일생 동안 독신으로 살았다. 다만 그는 인근 마을에 사는 친구의 여동생 엘런 수얼을 좋아하였지만 소로 집안의 진보적 성향을 꺼려하던 그녀의 아버지의 반대에 부딪혀 결실을 맺지 못하였다. 소로는 에머슨의 집에 머물며 허드렛일을 해 주는 동안 한때는 에머슨의 아내 리디언에 연정을 품기도 하였다. 이렇듯 그는 사랑다운 사랑을 한 번도 해 본 적이 없었다. 그런데도 소로는 사랑의 참다운 의미를 깊이 깨닫고 있었다. 이 구절을 읽노라면 신약성서에서 "내가 예언하는 능력을 가지고 있을지라도, 또 모든 비밀과 모든 지식을 가지고 있을지라도, 또 산을 옮길 만한 모든 믿음을 가지고 있을지라도 사랑이 없으면 아무것도 아닙니다."(「고린도전서」 13장 2절)라는 구절이 떠오른다.

지금 나는 꼬불꼬불하고 메마른, 인적이 끊긴 지 오래된 길을 그리워한다. 그 길은 마을 먼 곳으로 나를 이끈다. 나를 지구 밖 우주로 인도하는 길. 그러나 유혹하지 않는 길. 여행지의 이름을 생각하지 않아도 좋은 길. 농부가 자신의 농작물을 짓밟는다고 불평하지 않는 길. 어느 신사가 최근에 지은 자신의 시골 별장을 무단으로 침입하였다고 불만을 털어놓지 않는 길. 마을에 작별 인사를 하고 걸음을 재촉하여도 좋은 길. 순례자처럼 정처 없이 떠나는 여행의 길. 여행자와 자주 부딪치기 어려운 길. 영혼이 자유로운 길. 벽과 울타리가 허물어져 있는 길. 발이 땅을 딛고 있다기보다는 오히려 머리가 하늘로 향해 열려 있는 길. 다른 여행자를 만나기 전에 멀리서 그를 발견하고는 인사를 나눌 준비를 할 만큼 넓은 길. 사람들이 탐을 내서 서둘러 이주할 정도로 토양이 비옥하지 않은 길. 보살필 필요가 없는 나무뿌리와 그루터기 울타리들이 있는 길. 여행자가 그저 몸 가는 대로 마음을 맡길 수 있는 길. 어디로 향하여 가든 오든, 아침이든 저녁이든, 정오든 자정이든 별다른 차이가 없는 길. 뭇 사람의 땅이어서 값이 헐한 길. 얼마만큼 왔나 따져 볼 필요 없이 편하게 걸으면서 생각에 몰두할 수 있는 길. 숨이 차면 천천히 왔다 갔다 하는 변덕마저도 소중한 길. 사람들과 만나 억지로 저녁을 먹고 대화를 나누며 거짓 관계를 맺지 않아도 좋은 길. 지구에서 가장 멀리 떨어진 곳까지 갈 수 있는 길. ─『저널』

 소로가 무엇보다도 좋아하는 길은 하나같이 사람들이 별로 다니지 않거나 좀처럼 가지 않는 길이다. 한마디로 그 길은 문명 사회에서는 좀처럼 볼 수 없고 오직 자연에서만 만날 수 있다. 심지어 소로가 말하는 길은 "나를 지구 밖 우주로 인도하는 길"이기도 하다. 그런데 여기에서 한 가지 찬찬히 눈여겨볼 것은 이 글에서 "길"이란 단순히 사람들이 다니는 물리적인 공간만을 뜻하지 않는다는 점이다. 소로가 말하는 길은 영혼이 다니는 윤리의 길이요 도덕의 길이다. 그러므로 노자(老子)나 장자(莊子)의 도가 사상에서 말하는 도(道)의 개념과 아주 가깝다. 그러나 단순히 무위자연(無爲自然)을 주장하지 않는다는 점에서 소로는 도가 철학자들과는 다르다.

정원의 약초를 가꾸듯, 샐비어를 가꾸듯 가난을 가꾸도록 하라. 옷이든 친구든 새로운 것을 얻으려고 너무 애쓰지 마라. 헌 옷은 뒤집어 다시 짓고, 옛 친구들에게로 다시 돌아가라. 사물은 변하지 않는다. 변하는 것은 우리들이다. 옷은 팔더라도 생각은 그대로 간직하라. 신은 당신이 외롭지 않도록 보살펴 줄 것이다. 만약 내가 날마다 거미처럼 다락방 한구석에 갇혀 있더라도 내 생각만을 잃지 않는다면 세상이 여전히 넓게 느껴질 것이다. 한 철학자는 "3군(三軍)으로 된 큰 군대라도 그 우두머리를 사로잡으면 혼란에 빠뜨릴 수 있지만, 아무리 천하고 낮은 필부(匹夫)라도 그의 생각을 빼앗을 수는 없다."라고 말한 적이 있다. 자신을 개발하려고, 많은 영향력에 자신을 내맡기려고 그토록 애태우지 마라. 그것도 모두 낭비다. 겸손은 어둠이 그러하듯 천상의 빛을 드러나게 한다. 가난과 옹색함의 그림자는 우리 주위에 드리워 있지만, "그런데 보라! 피조물이 우리 눈앞에 넓게 펼쳐져 있지 않는가." 크로이소스 왕의 재산을 우리가 물려받는다고 하여도 우리의 목적은 전과 다를 것이 없으며, 우리의 수단 또한 본질적으로 크게 달라지지 않는다는 사실을 우리는 가끔 상기한다. 더구나 당신이 가난 때문에 활동 범위에서 제한받는다 하여도, 가령 책이나 신문을 살 수 없다고 하더라도, 당신은 가장 의미 있고 중요한 것을 경험하도록 제한받을 뿐이다. 말하자면 가장 많은 당분과 가장 많은 전분을 내는 재료만을 다루도록 강요받게 되는 것이다. 궁핍한 삶이 가장 달콤한 법이다. 당신은 일생을 빈둥거리는 건달이 되지 않도록 보호받게 된다. 어떤 사람도 높은 수준에서 너그럽다고 하여 낮은 차원에서 손해를 보지 않는다. 남아도는 재산으로는 쓸모없는 것들밖에는 살 수 없다. 영혼에게 꼭 필요한 한 가지 필수품을 사는 데에는 돈이 필요 없다. ─『월든』, 「결론」

소로에게 가난과 청빈은 수치가 아니라 자랑이다. 가난은 불편할 뿐이지 부끄러운 것이 아니다. 재산보다도 훨씬 더 중요한 것이 올바른 정신이다. 이 글에서 소로가 말하는 한 철학자란 다름 아닌 공자를 가리킨다. 공자는『논어』제9편 25절에서 "덕이 있으면 외롭지 않고 반드시 이웃이 있게 마련이다.(德不孤必有隣)"라고 밝힌다. 소로는 이 구절을 "신은 당신이 외롭지 않도록 보살펴 줄 것이다."라는 표현으로 바꾸어 놓는다.

소로는『저널』에도 이와 비슷한 구절을 적는다. "정원의 약초를 가꾸듯, 샐비어의 잎을 가꾸듯 가난을 가꾸도록 하라. 옷이든 친구든 새로운 것을 얻으려고 너무 애쓰지 마라. 새로운 것을 탐내는 것은 일종의 방탕이다. 헌옷은 뒤집어서 다시 입고, 옛 친구에게로 다시 돌아가라. 사물은 변하지 않는다. 변하는 것은 우리 인간이다. 거미처럼 늘 다락 한구석에 갇혀 있더라도 내가 사색하는 인간인 이상 세계는 나에게 조금의 변함이 없을 것이다." 소로의 이 글에서는 가난은 부끄러운 것이 아니라 다만 불편할 따름이라는 격언이 떠오른다.

나는 사랑보다도, 돈보다도, 명예보다도 진실을 원한다. 나는 산해진미(山海珍味)와 맛좋은 술이 흘러넘치고 하인들이 아부하며 시중을 드는 잔칫상에서 앉아 있었지만 성실과 진실을 찾아볼 수 없었다. 그리하여 그 냉랭한 식탁에서 배고픔을 안고 자리를 떴다. 손님 접대는 얼음처럼 차가웠다. 음식을 차갑게 하기 위하여 구태여 얼음을 넣을 필요가 없을 것이라는 생각이 들었다. 그들은 포도주가 몇 해 묵은 것이며 제조 연도가 얼마나 유명한 해인지 나에게 말하였지만, 나는 그들이 얻을 수도 살 수도 없는 더 오래되었으면서도 더 새롭고 더 순수한 술, 더 훌륭한 해에 빚은 술에 대하여 생각하였다. 모양새며 집과 뜰 그리고 '접대' 같은 것은 나에게는 아무래도 좋다. 나는 왕을 방문하였는데, 그는 나를 홀에서 기다리게 하는 등 손님을 맞이할 능력이 없는 사람처럼 행동하였다. 내 집 근처 나무에 파인 구멍 속에서 살고 있는 사람의 태도에는 참으로 제왕다운 데가 있었다. 차라리 그를 찾아갔더라면 이보다 더 나은 대접을 받았을 것이다. ―『월든』,「결론」

소로의 문장이 흔히 그러하듯이 이 글에서도 비유법이 마치 보석처럼 찬란한 빛을 내뿜는다. 손님 접대가 얼음처럼 차가워 음식을 차갑게 하려고 구태여 얼음을 넣을 필요가 없었다는 구절이 바로 그러하다. 그가 잔칫집의 주인한테서 원하는 것은 호화로운 접대가 아니라 진실한 마음이었다. 그런데도 주인은 외형적인 겉치레에만 신경을 쓸 뿐 마음에 대해서는 이렇다 할 관심을 두지 않았다. 나무에 파인 구멍에 살았다는 소로 이웃 사람에서는 가난과 청빈을 몸소 실천한 고대 그리스의 철학자 디오게네스가 떠오르기도 한다. 알렉산드로스가 디오게네스를 찾아와 도와줄 것이 없느냐고 묻자 이 철학자는 그에게 햇빛을 가로막지 말아 달라고 부탁하였다는 일화는 너무 유명하다.

과거의 지혜건 현재의 지혜건 이미 세상에 알려진 지혜는 내 옆으로 다가와 나에게 말을 걸기 전까지는 허위에 지나지 않는다. ─『저널』

소로에게 "나"를 떠난 지혜는 아무런 가치도 쓸모도 없다. 그의 사상이나 철학은 하나같이 "나"에서 시작하여 "나"로 끝난다. 아무리 하늘을 찌를 지식이나 지혜라고 하더라도 "나에게 말을 걸기 전까지는" 허위나 위선에 지나지 않는다. 다시 말해서 내가 진리라고 받아들일 때 비로소 진리가 되는 것이다. 19세기 중엽을 휩쓴 낭만적 개인주의를 단적으로 엿볼 수 있는 대목이다. 우리의 김춘수 시인은 "내가 그의 이름을 불러 주기 전에는 / 그는 다만 / 하나의 몸짓에 지나지 않았다 // 내가 그의 이름을 불러 주었을 때 / 그는 나에게로 와서 / 꽃이 되었다."라고 노래한다. 이 시에서 "꽃"이라는 말 대신에 "지혜"라는 말을 넣으면 그대로 소로의 말이 된다.

소로는 또 다른 『저널』에서도 "이 세상의 지혜란 한때는 받아들이기 어려웠던 현자(賢者)들의 이단 사상이었다."라고 적는다. 한때 이단으로 받아들인 사상이 지혜가 될 수 있는 것은 오직 나의 "옆으로 다가와 나에게 말을 걸기" 때문이다. 소로가 『월든』을 출간할 때 '나'를 뜻하는 일인칭 단수 대명사(I)를 너무 자주 사용한 나머지 인쇄소에 그 활자가 모자랄 정도였다고 한다.

조용한 저녁 누군가가 뿔피리를 부는 소리가 들린다. 요즈음에는 뿔피리 소리가 자연의 탄식처럼 들린다. 방금 누군가가 뿔피리를 분다고 적었지만 정확한 표현은 아니다. 그 소리에는 사람의 숨결보다 더 큰 그 무엇인가가 깃들어 있기 때문이다. 땅이 말을 하고 있는 듯싶기도 하다. 말을 하다가 고개를 들었을 때처럼 지평선이 아주 먼 곳으로 물러나 있다. 지금 서쪽에서 들려오는 소리는 동쪽으로 오라는 초청 메시지와 같다. ······

산산이 부서진 시간 속에서 그 소리는 이상할 만큼 생생하게 들린다. 소 모가지의 방울 소리와 뿔피리 소리가 들판 너머에서 들려올 때면 나는 좀처럼 얻기 어려운 건강을 얻는다. 나는 이제 '소리'라는 말의 미학과 의미를 완전히 알 것 같다. 곤충의 울음소리며, 빙판 갈라지는 소리며, 아침 닭의 홰치는 소리며, 밤에 개가 짖는 소리 따위에 어떤 울림이 있듯이 자연에도 언제나 어떤 울림이 있다. 울림은 자연의 건강을 나타내는 지표다. 신의 음성은 깨끗한 종소리와 다르지 않다. 나는 충심으로 소리를 들으며 멋진 건강함을 마신다. 나는 소리를 주신 신께 감사한다. 소리는 언제나 위쪽을 향한다. 그리하여 나를 위쪽으로 향하게 만든다. 이렇게 아무 대가 없이 부유해질 수도 있는데 부를 위하여 수고할 필요가 어디에 있는가. 나는 소리의 발생지인 저 광활한 땅을 소유하기 위하여 노력하겠다고 다짐해 본다. 우리에게 이로운 것은 값이 싼 반면 해로운 것은 값이 비싸다.

지금 이 공동체로 말하자면, 나는 천국에서 가정을 갖느니 차라리 지옥에서 독신자의 거처를 마련하겠다. 천국에서도 내가 먹을 빵을 내가 굽고 내가 입을 옷을 내가 빨 수 있게 되기를 바란다. ―『저널』

소로는 1841년에 조지 리플리와 그의 아내 데이너 리플리가 보스턴 근교에 건설한 유토피아적 공동체 '브룩 팜'에 참가한 적이 있었다. 이 공동체에는 에머슨을 비롯하여 마거릿 풀러, 시어도어 파커, 호레이스 그릴리, 브론슨 올컷 같은 초월주의에 동조하는 지식인들과 문인들이 참가하였다. 소로는 『주홍 글자』(1850년)의 작가 너대니얼 호손과 마찬가지로 이 공동체에 참가하였지만 환멸을 느끼고 곧 나왔다. 공동체가 아무리 그 이상과 목표가 훌륭하다고 하더라도 어떤 식으로든지 개인의 자유를 제한하지 않을 수 없었기 때문이었다. 바로 이 점에서 소로는 낭만적 개인주의를 몸소 실천에 옮긴 사람이라고 할 수 있다.

한편 이 글에서는 소로가 자신의 독신에 대하여 언급하고 있는 것을 볼 수도 있다. 천국에 가서 가정을 꾸미기보다는 오히려 지옥에서 독신으로 살겠다는 단호한 의지를 읽을 수 있다. 엘런 수얼에게 청혼하였다가 거절당한 일이 소로에게 지울 수 없는 깊은 생채기를 남긴 것 같다.

문명인들은 거의 습관적으로 집을 소유하고 있다. 인간의 집은 감옥이다. 그를 압박하고 속박하는 감옥이다. 그를 보호해 주는 편안한 안식의 쉼터가 아니고 말이다. 그는 조심스럽게 살아간다. 그리고 마치 벽이 금방이라도 무너져 자신을 덮칠 것처럼 온갖 무장을 하고 있고, 발은 저 밑 지하실을 기억하고 있다. 근육은 결코 긴장을 푸는 법이 없다. 집을 정복하고 그 속에서 편안히 앉아 있는 법을 배우며 지붕과 바닥과 벽이 하늘과 나무와 땅처럼 자연스럽게 서로를 안고 있는 일은 아주 드물다. —『저널』

오늘날 집은 흔히 주거 공간이라기보다는 부(富)를 보여 주는 상징이거나 재산 증식의 수단이다. 그러나 소로는 오히려 집이 인간의 자유를 구속하는 감옥이라고 생각한다. 집을 소유하기까지 온갖 희생을 무릅쓰기 때문일 것이다. 그는 집의 노예가 되지 말고 집을 정복하라고 말한다. 참다운 자연인이라면 하늘을 지붕으로 삼고 대지를 요로 삼을 것이다. 한반도에 전승되어 온 서사 무가(敍事巫歌) 「바리공주」에는 "천지로 장막 삼고, 등칡으로 베개 삼고, 잔디로 요를 삼고, 떼구름으로 차일 삼고, 샛별로 등촉을 삼아"라는 구절이 나온다.

아침에 대하여 그대는 얼마나 알고 있는가? 자연의 계절에 얼마나 공감하고 있는가? 잠자리에서 일찍 일어나 이슬을 헤치고 멀리까지 쏘다녀 본 적이 있는가? 해가 뜨도록 늦잠이나 자고 있다면, 그래서 수탉이

문명

우는 소리를 듣지 못한다면, 오로라의 수줍음을 눈치 채지 못한다면, 비너스와 다정한 친구가 되지 못한다면, 그대는 과연 지혜나 순수와 상관이 있다고 할 수 있을까? 만약 그렇다면 그대는 이미 젊은 날에 창조주를 까맣게 잊어버린 것이리라! 정오까지 그대의 눈꺼풀이 닫혀 있었다니! 심한 두통을 느끼며 겨우 잠자리에서 일어났다니! 아침에는 새들처럼 노래를 불러라. 그 어떤 새가 태양이 중천에 떠오르도록 둥지에서 잠을 자고 있는가? 그 어떤 닭이, 아니 신종 박쥐나 올빼미 또는 덤불참새나 종다리가 그러하겠는가? 노래하기 전에 그들이 차나 커피를 마시는 것을 보았는가? ─『저널』

 요즈음 '아침형 인간'이라는 말이 뭇 사람들의 입에 자주 오르내린다. 두말할 나위 없이 일본인 저자 사이쇼 히로시(稅所弘)가 쓴 책의 제목에서 비롯한 표현이다. 하루 시간 중에서 아침이 가장 중요하다고 역설한 사람은 그뿐만 아니다. 예로부터 영국에는 "아침에 일찍 일어나는 새가 벌레를 잡는다."라는 속담이 있다. 일찍이 미국을 건설한 국부(國父) 가운데 한 사람인 벤저민 프랭클린도 그의『자서전』에서 "아침 10시까지 하루 일과 가운데 절반을 마쳐야 한다."라고 밝힌 적이 있다.

 소로는 젊은이에게 새벽에 일찍 일어나 오로라의 수줍음을 눈치 채고 금성과 다정한 친구가 되라고 가르친다. "오로라"는 로마 신화에서 여명(黎明)의 여신으로 그리스 신화의 에오스에 해당하고, "비너스"는 역시 로마 신화에서 아름다움과 사랑의 여신으로 금성, 즉 샛별을 말한다. 소로는 우리가 이러한 여신들을 새벽에 만나지 못한다면 "이미 젊은 날에 창조주를 까맣게 잊어버린 것"이라고 잘라 말한다.

나는 농부나 농장주가 되어 자유의 일부를 잃어버리는 어리석음을 범하고 싶지 않다. 직업 전선에 뛰어든 사람들은 대부분 사형이 확정된 죄수와 같다. 세상은 그들을 위하여 만가(輓歌)를 불러 마땅하다. 농부의 근육은 딱딱하다. 농부는 오랜 시간에 걸쳐 한 가지 일을 해낼 수는 있지만 많은 일을 잘할 수는 없다. 농부가 걷는 모습을 보면 보폭마저 일정하게 정해져 있다. 그는 빨리 걷지 않는다. 아주 완고한 복수의 여신이 곧 그의 운명이다. 적당히 바람이 불고 하늘의 별이 나를 부르면 나는 번거롭게 유언장을 남기거나 토지를 처분하는 일 따위를 치르지 않고서도 이 비옥한 초지를 홀가분히 떠날 수 있다. 흐르는 빛처럼 아무 값도 치르지 않고 살 수 있는 농장만이 내 농장이다. —『저널』

소로는 이 글에서 과장법을 구사한다. 일정한 직업을 갖고 있는 사람을 죽음을 앞두고 있는 사형수에 빗대고 있다. 그의 이러한 생각은 북아메리카 대륙에 미국을 세운 청교도들의 생각과는 아주 차이가 난다. 황무지와 다름없는 신대륙에 '새로운 가나안 땅'을 건설하기 위하여 대서양을 건너온 청교도들은 "일하지 않는 사람은 먹지도 마라."라고 가르쳤다. 그들은 지상에 신의 왕국을 건설한다는 원대한 꿈을 지니고 있으면서도 금전에 대해서 꽤 큰 관심을 기울였다. 청교도들 사이에서는 부자는 신의 축복을 받은 사람들이고, 가난한 사람은 신의 저주를 받은 사람들이라는 생각이 널리 퍼져 있었다. 그리하여 노동을 신성한 것으로 생각하고 근면을 가장 큰 미덕 가운데 하나로 여겼던 것이다.

소로가 원하는 것은 참다운 의미의 자유인이다. 그에게 무엇보다도 소중한 것은 물질에 얽매이지 않는 정신적인 자유였다. 법정(法頂) 스님이 주장하는 "무소유의 소유"도 좀 더 찬찬히 따져 보면 소로의 생각과 아주 비슷하다는 사실이 밝혀진다. 가난과 청빈을 몸소 실천에 옮기고 있는 법정도 "흐르는 빛처럼 아무 값도 치르지 않고 살 수 있는 농장만이 내 농장이다."라고 생각한다.

　사람들이 창 밖에서 땅의 소유권을 가르기 위하여 분주하게 말뚝을 박는 모습을 재미있게 지켜본다. 신도 땅 여기저기에 서 있는 작은 울타리들을 보고 웃으실 것이다. ―『저널』

　소로는 지금 창가에 서서 창문 밖 세계에서 벌어지고 있는 모습을 물끄러미 바라보고 있다. 사람들이 땅을 가르고 말뚝을 박고 울타리를 만들어 소유권을 정하고 있는 것이다. 모르긴 몰라도 인간의 이러한 모습을 바라보며 신이 웃으실 것이라고 소로는 말한다. 이 글에서는 행진을 하며 동료와 발을 맞추지 않는 정도가 아니라 아예 세상일에 초연한 방관자로서의 면모를 읽을 수 있다. 소로에게 이러한 행동은 부질없고 어리석은 짓일 뿐이다.

가난하게 사는 것이 내 계획은 아니다. 다만 생계를 유지하는 데 대부분의 시간을 바치면서 살고 싶지 않을 뿐이다. 나에게 필요한 생계 수단은 지금 거의 마련되어 있다. …… 대부분의 사람들은 돈을 버는 방법에 대하여 잘 알고 있지만, 그것을 어떻게 써야 하는지에 대해서는 아는 사람은 백만 명에 하나도 되지 않는다. 만약 돈을 쓰는 방법을 아는 사람이라면 결코 돈을 벌지 않았을 것이다. ─『저널』

이 글에서 소로는 소유에 대하여 자신의 입장을 분명히 밝힌다. 그의 계획은 가난하게 사는 것이 아니라 한 번밖에 살 수 없는 이 소중한 일회적 삶을 생계를 유지하는 데 헛되이 쓰고 싶지 않을 따름이다. 그런데 대부분의 사람들은 생계를 유지하는 데 거의 모든 시간을 보내며 살고 있는 것이다. 그들에게는 수단과 목적이 서로 뒤바뀌어 있다. 소로는 먹기 위하여 사는 것이 아니라 살기 위하여 먹어야 한다고 생각한다.

단순히 많은 재산을 상속받고 이 세상에 태어나는 것은 태어난다는 것이라기보다는 사산(死産)되는 것과 같다. 친구의 자선금이나 정부의 연금을 받는 것은 (만약 그대가 계속 숨을 쉬고 있다면) 이러한 관계를 아무리 멋진 동의어로 기술하든 간에 구빈원에 들어가는 것을 뜻한다. 일요일이면 그 가난한 빚쟁이는 교회에 나가 장부를 살펴보고 물론 수입보다 지출이 많다는 것을 발견한다. 특히 가톨릭교회에서 그들은 교황청 상서원(尚書院)에 가 고해 성사를 하고 모든 것을 포기하고 다

문명 121

시 시작하기로 마음먹는다. 그리하여 사람들은 등을 대고 누워 인간의 타락에 대하여 이야기를 하고 다시는 자리에서 일어서려고 노력하지 않는다.

사람들이 삶에 대하여 요구하는 것으로 말하자면, 다음 두 경우 사이에는 중요한 차이가 있다. 한 사람은 절대적인 성공이라야 만족하고 목표는 하나같이 적중하여야 한다. 한편 다른 사람은 비록 자신이 삶이 아무리 보잘것없고 실패한 것이라고 할지라도 끊임없이 목표를, 수평에서 아주 조금이라도 위쪽으로 잡는다. 나는 후자 쪽 사람이 되고 싶다. 비록 동양 사람들의 말대로 "언제나 아래쪽만 바라보는 사람에게는 성공이 찾아오지 않으며, 높은 곳을 바라보는 사람은 하나같이 가난해지지만" 말이다. ―「원칙 없는 삶」

"구빈원"이니 "구빈원에 들어간다."라느니 하는 표현을 소로의 글에서 심심치 않게 만나게 된다. 자립과 개인주의를 목숨처럼 중요하게 생각하는 이 무렵의 미국인들에게 구빈원의 도움을 받는 것만큼 아마 모욕적인 것도 없었을 것이다. 그런데 소로는 부모로부터 재산을 물려받거나 친구의 자선금을 받거나 정부의 연금에 의존하여 살아가는 것은 곧 구빈원에 들어가 생활하는 것과 크게 다르지 않다고 말한다. 자기 손으로 직접 돈을 벌어 생계를 유지하되 정신의 자유마저 잃을 만큼 지나치게 생계에 얽매이지 않기를 권한다.

이렇듯 정신적 자유를 소중히 생각하는 소로에게는 직업 전선에 뛰어드는 사람이 사형을 선고받은 죄수이듯이 부모의 재산을 상속받은 사람은 죽은 상태로 이 세상에 태어나는 것과 다르지 않다. 우리말로 옮기는 과정에서 묘미를 잃어버리고 말았지만 그는 "태어나다.(born)"와 "사산하다.(still born)"로 말장난을 교묘히 구사하고 있다.

나그네! 나는 이 말을 좋아한다. 나그네는 나그네라는 이유만으로 충분히 존경받을 만하다. 우리 인생을 가장 잘 상징하는 말이 '나그넷길'이 아니겠는가. 개인의 역사란 결국 '어디'에서 '어디'를 향하여 나아가는 것이 아니겠는가. 나는 나그네 중에서도 특히 한밤중에 길을 떠나는 사람에게 가장 큰 흥미를 느낀다. ―『저널』

인생을 나그넷길에 빗대는 것은 이제 실오라기가 훤히 들여다보일 만큼 무척 진부한 표현이 되어 버렸다. 일찍이 구약성서에서도 야곱은 나이를 묻는 파라오에게 "내 나그넷길의 세월이 일백 삼십 년이니"라고 대답한다. 그런가 하면 "인생은 나그넷길"이라는 유행가 가사도 있다. 그러나 이렇게 진부한 표현 속에 진리가 숨어 있다. 독일의 실존주의 철학자 마르틴 하이데거의 말을 굳이 빌릴 필요도 없이 인간이란 결국 태어나는 순간부터 죽음을 향하여 걸어간다. 이 죽음을 향한 행진이 곧 삶인 셈이다.

소로에게 삶이란 단순히 한 공간에서 다른 공간으로 발걸음으로 옮겨 놓는 것 이상의 깊은 의미를 지닌다. 삶이란 먹고 마시는 행위 이상의 의미가 있다. 그는 또 다른 『저널』에서 "걷는다는 것은 위대한 예술이다."라고 했다. 걷는 것이 위대한 예술이 될 수 있는 것은 길을 걸으면서 삶의 의미를 되새기기 때문이다. 그렇다면 밤길을 호젓이 걸어가는 나그네야말로 가장 위대한 예술가가 될 것이다.

자연과 비교해 볼 때 인간이 정원을 가꾸는 것이란 얼마나 보잘것없는가. 정원사는 지금 커다란 그림자를 드리우고 보살핌 따위는 전혀 필요하지 않은 커다란 쑥부쟁이나 장미는 돌아보지도 않은 채 죽은 잡초 사이에서 자라는 쑥부쟁이 몇 포기만 가꾸고 있다. 그것은 저녁노을을 등진 채 찻잔에 그려진 작고 붉은 물감을 바라보며 감탄하는 것과 무엇이 다르랴. 왜 좀 더 크고 좀 더 넓은 시각으로 더 큰 정원에서 거닐려고 하지 않고, 정원의 작고 '누추한' 구석으로만 살금살금 숨어들려고 하는가? 왜 폐쇄적으로 가꾼 작은 풀밭 대신에 대지의 큰 아름다움을 생각하지 않는가? 그러나 그대가 언덕 위에 서 있든 골짜기에 들어가 있든, 그것을 바라볼 마음의 준비가 되어 있지 않으면 이 장려한 아름다움은 보지 못한다. 대지의 아름다움은 그대가 요구하고 알아줄 때에만 정확하게 응답할 것이다. ―『저널』

신이 시골을 만들었고 인간은 도시를 만들었다는 말이 있다. 자연은 신이 만든 정원이라고 할 수 있다. 이 글에서 소로가 자연과 "인간의 정원"을 애써 구분 지으려는 까닭이 바로 여기에 있다. 그는 문명인이 아름답기 그지없는 자연에서 눈을 돌리고 잡초 사이에서 장미꽃 몇 송이 가꾸는 것이야말로 "저녁노을을 등진 채 찻잔에 그려진 작고 붉은 물감을 바라보며 감탄하는 것"과 크게 다르지 않다고 말한다. 서쪽 하늘의 아름다운 일몰과 비교해 볼 때 화가가 찻잔에 그린 그림은 그야말로 "누추하고" 초라하기 그지없을 것이다.

앞에서 인용한 『저널』에서도 소로는 "나는 어느 인공 정원보다도 더 크고 매력적인 정원을 소유하고 있다."라고 밝힌 적이 있다. 여기에서 "더 크고 매력적인 정원"이 자연을 가리킴은 두말할 나위가 없다. 그가 매일 오후마다 산책을 떠나는 이 정원이야말로 "어떤 귀족도 가져 보지 못한 큰 정원"이라고 밝힌다.

비가 갠 뒤 아일랜드 인의 집을 떠나 다시 호수 쪽으로 발길을 옮기고 있는 동안, 한적한 들판과 수렁이나 진흙 구덩이와 황량한 황무지에 빠지면서 강꼬치고기를 잡으려고 서둘러 가는 내 모습이 대학교까지 나온 사람으로서는 너무 하잘것없는 것이 아닌가 하는 생각이 순간적으로 머리에 스쳐갔다. 그러나 무지개를 등 뒤에 진 채 맑은 공기를 뚫고 어디선가 작은 방울들이 딸랑거리는 소리를 희미하게 들으면서 붉게 물든 서쪽을 향하여 언덕을 달려 내려갈 때 내 수호신은 이렇게 말하는 것이 아닌가. 낚시를 하러 가고 사냥을 하러 가라. 날마다 멀리, 넓게, 더욱더 멀리, 그리고 넓게. 그리고 시냇가든 난로가든 두려워하지 말고 쉬어라. 그대의 젊은 날에 조물주를 기억하라. 새벽이 되기 전에 근심에서 깨어나 모험을 찾아 떠나라. 대낮에는 다른 호수에 가 있도록 하라. 밤이면 뭇 장소를 그대의 집으로 삼아라. 이곳보다 넓은 평야는 없으며, 여기서 하는 놀이보다 더 가치 있는 것은 없다. 그대의 천성에 따라 야성적으로 자라도록 하라. 결코 영국 건초는 되지 않을 이 골풀이나 고사리처럼 말이다. 천둥이 울리면 울리도록 그냥 내버려 두라. 그것이 농부의 수확을 망칠 우려가 있다 한들 어떻단 말인가? 그것은 그대가 상관할 바가 아니다. 사람들이 수레와 헛간으로 몸을 피할 때 그대는 구름 밑으로 피하라. 삶을 그대의 직업으로 삼지 말고 도락(道樂)으로 삼아라. 땅을 즐기되 그것을 소유하려고 하지 마라. 진취성과 신념이 없기 때문에 사람들은 그들이 지금 있는 곳에 머무르면서 돈을 주고 사고파는 농노(農奴)처럼 인생을 보내고 있는 것이다. ―『월든』,「베이커 농장」

소로는 세상 사람의 눈과 귀를 거의 의식하지 않고 오직 자신 원하는 방식대로 살려고 하였다. 그런데 이 글에서처럼 자신의 삶이 세상 사람들의 눈에 어떻게 보일는지 가끔 의식할 때가 있다. 수렁과 진흙 구덩이에 빠지면서 물고기를 잡는 자신의 모습이 하버드 대학교까지 나온 사람의 모습과는 전혀 어울리지 않을 것이라고 생각하는 것이다. 그러나 이러한 생각도 잠깐뿐, 그는 분명히 삶의 노예가 되지 않겠다는 의지를 내비친다. "삶을 그대의 직업으로 삼지 말고 도락으로 삼아라."라고 밝히는 대목에서는 정신이 번쩍 든다.

또한 토지를 재산 증식의 수단으로 삼는 현대인들에게 "땅을 즐기되 그것을 소유하려고 하지 마라."라는 소로의 말은 어찌 보면 공허하게 들릴는지도 모른다. 백인이 발을 딛기 오래전부터 북아메리카 대륙에 살아온 인디언들도 땅이란 개인이 소유할 수 없는 것이라고 생각하였다. 여러모로 소로의 생각은 토착 원주민의 생각과 아주 비슷하다.

사슴과 늑대뿐만 아니라 흑파리와 아주 작아서 눈에 '잘 보이지 않는' 곤충들까지도 문명화된 인간들 앞에서 영원히 사라져 버릴지 모른다는 사실을 잊지 말아야 한다. 우리는 사실 지금 얼마나 무지함에 빠져 있는가. 불과 300년 전 우리가 살고 있는 곳의 환경이 어떠하였는가에 대해서도 잘 모르고 있으니 말이다. ─『저널』

『저널』의 다른 글에서도 "나는 완전한 하늘과 대지를 알고 싶다. 그러나 거대한 나무들과 맹수들, 물고기들과 새들은 점점 사라지고 있다."라고 개탄한다. "퓨마, 스라소니, 오소리, 늑대, 곰, 사슴, 비버, 칠면조 따위가 멸종돼 간다는 것을 생각하면 나는 잘 길들여진, 말하자면 거세된 나라에서 살고 있는 듯한 느낌이 든다."라고 밝히기도 한다. "머리 위에 작은 숲을 이고 있는 사슴이나 비버를 볼 수 없다면 숲과 초원은 자기 표정을 잃은 것이 아닌가?"라고 반문하기도 한다. 소로가 살던 19세기 중엽에도 생물의 멸종이 심각한 문제로 떠올랐다. 물론 소로 같은 선각자만이 그러한 생태계 위기의 심각성을 깊이 깨닫고 있었다.

농사가 한때는 신성한 예술이었다는 사실을 적어도 옛 시와 신화는 암시해 준다. 그러나 지금 우리는 대형 농장과 대량 수확만을 목표로 삼고 있는 나머지 성급하고 생각 없이 농사를 짓고 있다. 농부가 자기 직업의 신성함을 표현하고 그 직업의 거룩한 기원을 회상하도록 하는 축제나 행사나 의식이 전혀 없다. 이것은 가축 품평회나 이른바 추수감사절이라는 것을 포함하여 하는 말이다. 농부의 관심을 오직 눈앞의 이익과 거나한 잔치에만 있다. 그는 농업의 여신이나 대지의 신에게 제사를 지내지 않고 오히려 지옥의 황금신에게 제사를 지내고 있다. 탐욕과 이기심 때문에, 토지를 재산으로 생각하거나 재산을 얻는 중요한 수단으로 생각하는 그 천박한 생각 때문에 자연 경관은 훼손되고 농사일은 타락해 가고 있으며 농부는 가장 비천한 삶을 살아가고 있다. 농부는 대자연을 알고 있되 오직 강도처럼 알고 있을 뿐이다. 카토는 농사에서 생기는 이익이 그 무엇보다도 성스럽고 정당하다고 하였으며 바로는 고대 로마 사람들이 "대지를 어머니라고 부르기도 하고, 농업의 여신 케레스라고 부르기도 하였다. 그들은 땅을 경작하는 사람들이 경건하고 유익한 삶을 살고 있으며 그들만이 사투르누스 왕족의 후손이라고 생각하였다."라고 하였다 —『월든』,「콩밭」

오늘날 인류가 겪고 있는 환경 위기나 생태계 위기의 원인이 한두 가지가 아니지만 르네 듀보스와 폴 셰퍼드 같은 학자들은 수렵 사회에서 농경 사회로의 이행을 그 한 원인으로 꼽는다. 먹이를 산과 들에서 채취하던 시절만 하더라도 자연은 그렇게 훼손되지 않았고, 비록 훼손되었다고 하더라도 쉽게 본래의 모습을 되찾을 수 있었다. 그러나 농경 문명이 시작되면서 자연은 걷잡을 수 없이 파괴되기 시작하였다는 것이다. 이때부터 농부들은 상호 협력보다는 경쟁을, 생계를 위한 소비보다는 저축을, 공동 재산보다는 소유권을 높이 여겼다.

소로가 왜 농부를 대자연의 '강도'로 여기는지 그 까닭을 알 만하다. 농경 문명 시대에 농부들은 대지를 신성한 여신이나 어머니처럼 공경하기보다는 강도처럼 약탈하였다. 카토는 강직하고 청렴결백한 것으로 이름난 옛 로마 시대의 정치가로『농업론』이라는 책을 남겼다. 마르쿠스 테렌티우스 바로 역시 옛 로마 시대의 학자요 풍자가로 철학과 농업, 교육에 관한 글을 남겼다. 사투르누스는 로마의 최고신인 주피터의 아버지이자 인간에게 농사를 가르쳐 준 신으로 중국 신화의 신농씨(神農氏)와 비슷하다.

삶이란 궁극적으로 자기 혼자가 아니던가! 삶의 해변에서 우리와 바다 사이를 가로막는 것은 아무것도 없다. 나의 이웃들은 순례의 길을 가는 동안 나에게 위안이 되어 줄 동료들이다. 그러다가 길이 갈리는 곳에서 나는 또다시 홀로 길을 가야 한다. 삶의 먼 여정을 끝까지 함께할 수 있는 사람은 이 세상에 아무도 없기 때문이다.

사람은 누구나 선두에 서서 길을 간다. 매정한 운명은 연약한 어린 아이라고 눈감아 주는 법이 없다. 아이들은 부모와 마찬가지로 매정한 운명에 노출되어 있다. 부모와 친척이 아이들을 위로해 줄 수는 있다.

그러나 부모나 친척이 운명의 시련을 막아 주는 방파제 노릇을 할 수는 없다. 이것은 사람이 직면해 있는 삶의 변함없는 진리이다. 우리 앞에 펼쳐진 드넓은 공간 어디를 둘러보아도 아무런 울타리도 보이지 않는다. ―『저널』

소로는 인간은 누구나 홀로 이 세상을 살아가야 한다는 진리를 새삼 일깨워 준다. 쓸쓸한 해변을 걷는 이방인처럼 우리는 누구나 삶의 해변을 외롭게 걸어간다. 친구는 말할 것도 없고 부모와 형제자매, 자식도 잠시 위안을 줄 뿐 언제까지나 우리와 함께 있을 수는 없다. 그러므로 삶의 짐을 홀로 지지 않고 남에게 의존하는 것처럼 부질없고 어리석은 짓도 없을 것이다. 에머슨을 비롯한 초월주의자들이 입버릇처럼 말하는 것은 자기 의존이요 자기 독립이다.

해마다 뉴잉글랜드에서 비둘기가 점점 적게 찾아온다는 말을 자주 듣는다. 우리의 숲에는 비둘기가 먹을 떡갈나무 열매가 이제 더 없다. 마찬가지로 해를 거듭할수록 자라는 청소년들에게도 점점 생각이 찾아오지 않는 것 같다. 우리 마음의 숲이 황폐해졌기 때문이고(그 숲을 불필요한 야망의 불을 피우거나 제재소로 보내기 위하여 팔아버렸던 것이다.) 생각이 홰를 칠 만한 나뭇가지가 별로 남아 있지 않기 때문이다. 우리의 날개 달린 생각은 가금(家禽)으로 변해 버렸다. 그들은 이제 더 훨훨 높이 날지 못하고, 코친 종 닭이 날 법한 높이로 올라갈 뿐이다. ―「산책」

요즈음 들어 새들이 점점 줄어들고 있다는 말을 자주 듣는다. 온갖 화학 제초제와 농약으로 생태계의 균형이 깨졌기 때문이다. 생태계는 마치 고리나 그물과 같아서 만약 고리 하나가 없어지면 다른 개체나 종이 영향을 받을 수밖에 없다. 그런데 놀라운 것은 벌써 소로가 살던 19세기 중엽에도 먹이가 부족하여 숲에 살던 비둘기의 수가 점점 줄어들었다는 점이다. 비록 정도의 차이는 있을망정 식물이나 동물의 멸종은 백여 년 전이나 지금이나 거의 마찬가지다.

그런데 이 글에서 소로가 말하려는 것은 생태계의 파괴나 동식물의 멸종보다는 오히려 "마음의 숲," 그러니까 인간 정신의 황폐화다. 그는 숲이 황폐하여 비둘기가 좀처럼 찾아오지 않는 것처럼 인간의 정신이 황폐하게 되어 생각을 올바로 할 수 없게 되었다고 한탄한다. "마음의 숲"이 파괴되면 올바른 생각이 홰를 치고 앉을 만한 나뭇가지가 별로 남아 있지 않게 마련이다. 자유롭게 비상하여야 할 인간의 생각은 이제 나는 법을 잊어버리고 기껏해야 집에서 키우는 가금의 신세로 바뀌었다.

노예 제도라니! 노예 제도는 미국 남부에만 있는 제도가 아니다. 인간을 사고 팔 수 있는 곳, 인간이 자신을 오직 사물이나 도구처럼 여기는 곳, 이성과 양심이라는 불가침의 권리를 포기한 곳이라면 어디서에서나 찾아볼 수 있는 제도다. 실제로 그러한 노예 제도야말로 오직 육체만을 노예화시키는 제도보다 더 완성된 형태의 노예 제도다. 노예 제도는 미국 북부의 여러 주(州)에도 존재한다. 나는 그것이 캐나다에도 존재하고 있다는 것을 캐나다 신문을 읽고 알았다. 나는 지금까지 노예가 아닌 어떠한 판사도 만나 본 적이 없고, 또 그러한 판사가 있다는 이야기를 들어 본 적도 없다. 판사는 부정을 물리칠 수 있는 가장 훌륭하고 신뢰할 만한 무기다. 그는 약간 더 가치 있는 노예기 때문에 흑인보다 약간 더 비싼 가격으로 팔려 나갈 뿐이다.

어떤 유색인이 미주리 주에서 자신을 유괴한 범인을 살해하고 캐나다로 도주한 것으로 보인다. 경찰견 여러 마리가 토론토까지 그를 추적하였다. 지금은 캐나다의 판사에게 그를 내놓으라고 요구하고 있다. 내가 알 수 있는 한 캐나다 판사들은 판사로서의 자신의 역할을 수행하고 있다. 감옥 속에 있는 그 가련한 도피자는 적어도 영적으로는 자유로운 몸인 반면에 오히려 판사들이 노예인 셈이다. ─『저널』

"마음의 숲"인 인간의 정신이 황폐화되면 노예 제도 같은 비인간적인 제도를 낳기도 한다. 미국 남부가 농경 사회를 유지하기 위하여 만들어 낸 흑인 노예 제도는 흔히 인간이 동료 인간에 대하여 저지르는 가장 비인간적인 행동을 잘 보여 주는 예로 꼽힌다. 남북 전쟁이 일어난 것도 바로 이 노예 제도를 둘러싸고 미국의 북부와 남부가 첨예하게 대립하였기 때문이다. 마침내 북부의 승리로 흑인 노예 제도는 영원히 자취를 감추게 되었던 것이다.

소로는 육체의 노예 못지않게 심각한 것이 정신의 노예라고 말한다. 비록 육체의 노예는 사라졌는지 모르지만 정신의 노예는 여전하다고 지적한다. 시간과 공간을 가르지 않고 인간의 정신이 타락한 곳이라면 그 어디에나 노예 제도가 있다는 것이다. 시장 자본주의이건 사회주의이건 인간을 목적이 아닌 수단이나 도구로 삼는 경제 체제도, 이성이 마비되고 양심이 병들어 있는 사회도, 불의나 부정과 손을 잡는 제도도 하나같이 노예 제도를 택하고 있는 곳이다. 소로는 정신적 노예가 아닌 판사를 만나 본 적이 없다고 한탄한다.

상식(常識)이란 절대로 존재하지 않는다. 다만 평범한 난센스만이 존재할 뿐이다. ―「다시 찾을 천국」

소로 특유의 말장난이 보석처럼 찬란한 빛을 내뿜는다. 상식을 뜻하는 "코먼 센스(common sense)"라는 말을 "코먼 난센스(common nonsense)"라는 말로 살짝 바꾸어 놓은 데에서 말장난의 묘미를 느낄 수 있다. 상식이란 흔히 일반 사람으로서 가져야 할 일반적인 지식이나 이해력 또는 판단력을 말한다. 소로는 나뭇잎의 모양이 저마다 다르듯이 인간도 개성이 저마다 다르기 때문에 누구에게나 통용되는 상식이란 없다고 생각한다. 그러한 일반적인 지식이나 이해력 또는 판단력을 믿는 것이야말로 난센스라는 것이다. 소로를 비롯한 초월주의자들의 낭만적 개인주의를 읽을 수 있는 대목이다.

문명 133

아직도 시도해 보지 않은 우리 자신의 일 말고 '미개척지'가 어디에 있단 말입니까? 모험적인 정신의 소유자에게는 어떠한 장소도(그곳이 런던이건, 뉴욕이건, 우스터이건, 또는 자신의 앞마당이건 말이지요.) 하나같이 프리몬트와 케인이 그렇게 멀리 탐험하는 '미개척지'일 뿐입니다. 게으르고 패배한 영혼에게는 심지어 대영제국과 북극성도 한낱 시시한 장소에 지나지 않습니다. ―『서간문』

　소로가 1860년 5월 20일에 해리슨 블레이크에 보낸 편지의 한 구절이다. 소로가 이 편지를 쓸 무렵에는 미국 전역이 서부 개척으로 떠들썩하였다. 그가 언급한 존 찰스 프리몬트는 1840년대에 로키 산맥을 가로질러 태평양에 이르는 길을 개척하였고, 엘리셔 켄트 케인도 이 무렵 북극을 탐험한 사람으로 이름을 날렸다.

　그러나 대부분의 미국인들과는 달리 소로는 서부 개척에 시큰둥한 반응을 보였다. 그가 참으로 바라는 모험이란 황무지나 불모지 개척이 아니라 정신의 미개척지 탐험이기 때문이다. 그에게 '정신적 모험'보다 더 중요한 모험이나 개척은 없다. 정신적으로 모험을 하는 사람은 자기 집 앞마당도 훌륭한 미개척지가 될 수 있다고 밝힌다. 『월든』의 결론 부분에서도 "그대 내부에 있는 모든 신대륙과 신세계를 발견하는 크리스토퍼 콜럼버스 같은 사람이 되라."라고 부르짖는 것을 다시 한 번 떠올리는 것이 좋을 것 같다.

나는 "가장 적게 다스리는 정부가 가장 좋은 정부이다."라는 표어를 진심으로 받아들이고, 그것이 좀 더 빨리 그리고 체계적으로 실현되기를 바라마지 않는다. 궁극적으로 밀고 나간다면 이 표어는 "전혀 다스리지 않는 정부가 가장 좋은 정부이다."라는 데까지 발전하게 될 것이고, 나는 이것 또한 굳게 믿고 있다. 국민이 맞이할 준비가 되어 있을 때야말로 가장 훌륭한 정부가 될 것이다. 정부는 기껏해야 하나의 방편에 지나지 않는다. 그러나 대부분의 정부는 거의 언제나 불편하며, 모든 정부는 하나같이 때로는 불편하다. 상비군을 두는 데 대하여 비중 있고 옳다고 할 수밖에 없는 많은 반대 의견들이 제기되어 왔는데, 이러한 반대 의견은 결국 상설 정부에 대해서도 제기할 수 있을 것이다. 상비군은 정부의 한쪽 팔에 지나지 않는다. 정부는 국민이 자신의 뜻을 실행하기 위하여 선택한 한 방식에 불과하지만, 국민이 그것을 통하여 행동도 하기도 전에 정부 자체가 남용되거나 악용되기 쉬운 것이다. 지금 계속되고 있는 멕시코 전쟁을 보라! 이 전쟁은 비교적 소수의 사람이 상설 정부를 자신의 도구로 사용한 결과로 빚어졌다. 왜냐하면 처음부터 국민들은 이러한 처사를 허락하지 않았을 것이기 때문이다.

이 미국 정부란 하나의 전통, 그것도 역사가 짧은 한 전통이 아니고 무엇이겠는가? 손상시키지 않고 고스란히 후대에 넘겨주려고 노력하지만 순간순간마다 그 순수성을 조금씩 잃어가고 있는 전통이 아니고 무엇이겠는가? 이 정부는 살아 있는 단 한 사람의 생명력과 힘도 가지고 있지 못하다. 왜냐하면 한 사람의 개인일지라도 정부가 자신의 의지를 따르도록 만들 수 있기 때문이다. 국민들에게 정부는 나무로 만든 총 같은 존재다. 물론 그렇다고 하여 그 필요성이 줄어드는 것은 아니다. 왜냐하면 국민들은 자신이 정부에 대하여 가지고 있는 고정 관념을 만족시키기 위해서라도 이런 저런 복잡한 기구를 가지기 원하고, 또 그것이 내는 시끄러운 소리를 들어야 하기 때문이다. 그리하여 정부는 얼마나 감쪽같이 사람들이 자신들의 이익을 위하여 속아 넘어가고, 심지어 스스로를 속이는지를 보여 준다. ─『시민 불복종』

『시민 불복종』의 첫 구절이다. 본디 이 글은 '시민 정부에 대한 저항'이라는 제목으로 잡지에 처음 발표되었다가 소로가 사망한 뒤 '시민 불복종'이라는 제목으로 다시 출간되었다. 소로는 6년 동안 매사추세츠 주 정부가 부과하는 인두세를 내지 않았고, 그 때문에 체포되어 하룻밤을 콩코드 감옥에서 보내야 하였다. 소로의 스승이요 친구인 에머슨이 대신 인두세를 내주어 소로는 그 이튿날 아침에 가까스로 감옥에서 풀려났다.

이 글에는 소로의 정치관과 비폭력 저항 정신이 잘 드러나 있다. 그는 "가장 적게 다스리는 정부가 가장 좋은 정부이다."라는 모토에서 시작하지만 궁극적으로는 "가장 좋은 정부는 전혀 다스리지 않는 정부이다."라는 모토로 발전하기를 바라마지 않는다. 또한 "나를 단지 살과 피와 뼈로 된 존재로만 여겨 잡아 가두는 이 제도의 어리석음에 그저 경악할 뿐이다."라고 밝힌다. 비록 육체는 잡아 가둘망정 정신은 가둘 수 없다는 말이다. 그의 비폭력 저항은 뒷날 인도의 성인 마하트마 간디와 미국 흑인 인권 운동가 마틴 루서 킹 목사에게 크나큰 영향을 끼치게 된다. 소로가 이 글을 카를 마르크스와 프리드리히 엥겔스가 「공산당 선언문」을 발표한 지 1년 뒤에 출간하였다는 점도 시사하는 바 자못 크다.

피라미드에 대한 터무니없는 이야기를 지금껏 신물이 나도록 들어 왔다. 만약 오늘 의회가 대평원에 피라미드 같은 구조물을 세우는 일을 두고 투표에 붙이더라도 나는 그 일을 눈곱만큼도 중요하게 생각지 않을 것이며 어떤 흥미도 갖지 않을 것이다. 피라미드는 몇몇 폭군의 어리석은 사업이었다. 사람들은 피라미드 같은 구조물을 세우는 일이 마치 고귀한 일인 것처럼 말하기 좋아한다. 수만 명의 아일랜드 인들에게 하루 50센트의 낮은 품삯을 주고 석축 일을 시키는 그러한 것 말이다. 마치 힘만 잘 합치면 고상해질 수 있다는 듯이 고귀한 동기만 덧붙이면 모든 것이 다 잘 될 것처럼 말이다. 티머시 덱스터 경(卿)만큼이나 바보인 이집트의 야심가 체옵스가 낮은 임금으로 수만 명의 불쌍한 사람들을 고용하여 쌓아올린 돌무더기, 보화 대신에 암소의 대퇴골을 집어넣어 만든 그 돌무더기를 보려고 사람들은 세계를 돌아다닌다. 바벨탑은 오랫동안 조롱의 대상이었다. 그러나 바벨탑도 피라미드처럼 합당한 사업이었다. 만약 바벨탑이 완성되어 오늘날까지 서 있었다면 바벨탑 또한 찬미의 대상이 되었을 것이다. ─『저널』

소로는 오늘날 문화유산으로 그 가치를 인정받는 건물이나 구조물이 실제로는 민중을 희생시킨 대가로 세워진 것임을 일깨워 준다. 가령 세계 7대 불가사의 가운데 하나요 인류가 이룩한 금자탑의 하나로 칭송받는 이집트의 피라미드만 하여도 그러하다. 왕의 무덤으로 사용하기 위하여 만든 이 건물은 얼마나 많은 대가를 치르고 세워졌던가. 그리하여 소로는 만약 미국의 의회가 미국에 그러한 건축물을 지으려고 한다고 하여도 조금도 관심을 가지지 않을 것이고 밝힌다. 그에게 그러한 구조물은 찬미의 대상이 아니라 차라리 조롱의 대상이다. 티머시 덱스터 경은 매사추세츠 주에 살았던 부유한 상인으로 자신을 닮은 조각품으로 자신의 정원을 가득 채웠던 인물이다. 소로의 눈에 그 또한 이집트의 왕처럼 어리석게 보일 뿐이다.

길지 않은 내 삶의 경험에 비추어 볼 때 만약 '외형적인' 장애물이 있다면, 그것은 바로 살아 있는 사람들이 아니라 죽은 사람들이 만든 제도였다. ─『콩코드 강과 메리맥 강에서 보낸 일주일』

소로가 그의 형과 함께 콩코드 강과 메리맥 강을 처음 여행한 것은 스물두 살 때였다. "길지 않은 내 삶의 경험에 비추어 볼 때"라고 말하는 까닭이다. 그런데 20대 초반에 그는 벌써 오랜 인생을 산 노인에게서나 볼 수 있는 슬기나 지혜를 보여 준다. 살아 있는 사람이 아니라 오히려 죽어 땅에 매장되어 있는 사람들이 삶에서 걸림돌이 된다고 생각한다. 여기에서 "죽은 사람들" 속에는 헌옷처럼 시대에 잘 맞지 않는 낡은 전통과 인습, 제도 따위가 포함되어 있음은 두말할 나위가 없다. 소로는 새 술은 새 부대에 담아야 하듯이 새 시대에는 새로운 전통과 인습과 제도가 필요하다고 역설한다. 이와는 조금 다른 맥락이지만 『월든』에서 그는 "죽은 사자보다 살아 있는 개가 더 낫다."라고 말한다.

나는 지난 6년 동안 인두세를 납부하지 않았다. 그 때문에 나는 하룻밤 동안 감옥에 갇히게 되었다. 60~90센티미터 두께의 단단한 돌벽과 30센티미터 두께의 나무와 쇠로 된 문, 햇빛이 스며 들어오는 쇠창살을 바라보며 서서, 나를 다만 살과 피와 뼈로 된 존재로만 여겨 잡아 가두는 이 제도의 어리석음에 그저 경악을 금치 못할 뿐이었다. 나는 주 정부가 나를 가두는 것이야말로 결국은 나를 이용할 수 있는 최선책이라는 결론을 내리면서도 어떤 식으로든 나를 이용하려고 하지 않은 점이 오히려 이상하였다. 만약 나와 읍 주민 사이에 돌 벽이 가로놓여 있다면, 그 사람들이 나처럼 자유롭게 되려면 그보다 훨씬 더 단단한 벽을 넘거나 부수어야만 한다는 것을 깨달았다. 나는 잠시도 갇혀 있다는 느낌이 들지 않았고, 그 벽은 돌과 회반죽을 공연히 낭비한 것처럼 생각되었다. 나는 우리 읍 주민 중에서 오직 나만이 세금을 납부한 것 같은 기분이 들었다. 주 정부 사람들은 분명히 나를 다루는 방법을 잘 몰랐으며, 마치 배우지 못한 사람들처럼 행동하였다. 협박을

문명 139

하였든 아첨을 하였든 하나같이 그들의 행동은 실수였다. 왜냐하면 그들은 내 가장 큰 소망이 감옥의 돌 벽 밖으로 나가는 것이라고 생각하였기 때문이다. 그들이 내 명상의 문에 열심히 자물쇠를 잠그는 것을 보고 나는 웃음을 금할 수 없었다. 내 명상은 허가나 방해를 받지 않고도 그 사람들을 따라 밖으로 다시 나갔는데, 내 명상이야말로 참으로 위험한 존재였던 것이다. 나를 어떻게 할 수 없게 되자 그들은 내 육신을 처벌하기로 결심하였다. 마치 어떤 사내 녀석들이 앙심을 품은 사람을 때릴 수 없는 경우 대신 그의 개를 패듯이 말이다. 나는 주 정부가 머리가 좀 모자란 존재며, 은 숟가락을 가지고 있는 과부처럼 겁이 많다는 것, 또한 친구와 적을 구별하지 못한다는 사실을 깨달았다. 그리하여 주 정부에 대하여 가지고 있던 약간의 존경심마저 모두 잃어버리고 오히려 동정심을 품게 되었다. ─『시민 불복종』

소로는 어떻게 하여 자신이 콩코드 감옥에 갇혀 있게 되었는지 자세히 설명해 준다. 그런데 여기에서 흥미로운 것은 소로는 감옥에 갇혀 있는 것이 자신이 아니라 오히려 자신을 그곳에 감금한 주 정부의 관리들이라고 생각한다는 점이다. '창살 없는 감옥'이라는 말도 있듯이 그에게는 감옥 바깥 세상이 진짜 감옥이며 자신이 갇혀 있는 감옥이야말로 오히려 자유로운 세상이라고 밝힌다. 인간이 만들어 낸 제도에 지나지 않는 감옥은 인간의 육신을 가두어 둘 수 있을망정 그의 정신까지 가두어 두지는 못한다는 사실을 일깨워 준다.

전에 우리 마을에서는 가난한 채무자가 감옥에서 나오면 그를 아는 사람들은 감옥의 쇠창살을 상징하려고 손가락을 엇갈리게 하고 그 사이로 내다보면서 "안녕하신가?"라고 인사하는 관습이 있었다. 그러나 내 이웃들은 내게 그러한 식으로 인사를 하지 않았다. 그들은 먼저 나를 쳐다보고는 다음에는 자기들끼리 서로를 쳐다보는 것이었다. 마치 내가 긴 여행에서 돌아온 사람이라도 되는 것처럼 말이다. 내가 감옥으로 잡혀간 것은 수선해 달라고 맡겨 놓은 구두를 찾으려고 구둣방에 가던 길이었다. 이튿날 아침 감옥에서 풀려나자 나는 그 용무를 마치기 위하여 구둣방으로 직행하였다. 수선한 구두를 신은 뒤 허클베리를 따러 가는 일행과 함께 어울렸다. 그들은 나더러 길을 안내해 달라고 보챘다. 반시간 뒤 말이 곧 준비되었기 때문에 나는 3킬로미터쯤 떨어진 높은 언덕에 있는 허클베리 밭 한가운데에 도착하였다. 거기에서는 그 어디에서도 주 정부 같은 것은 눈에 보이지도 않았다.

내가 도로세(道路稅)를 내지 않으려고 한 적은 한 번도 없었다. 나는 말을 고분고분 듣지 않는 질 나쁜 피통치자가 되려는 욕구를 가지고 있지만, 그 못지않게 좋은 이웃이 되려는 강한 욕구도 가지고 있기 때문이다. 그리고 학교를 후원하는 문제로 말하자면 나는 지금 동포를 계몽하는 데 내 몫을 다하고 있다. 나는 세금 고지서의 특정 항목에 대하여 납세를 거부하고 있는 것이 아니다. 다만 나는 정부에 충성하기를 거부하고 실질적으로 거기에서 물러나 따로 서 있고 싶을 뿐이다. 나는 내가 낸 돈이 총이나 총을 쏠 사람을 사지 않는 한 그 돈의 행

문명 141

방을 구태여 추적하려고 하지 않는다. 왜냐하면 돈 자체는 아무런 죄가 없기 때문이다. 그러나 나는 내 충성심이 어떤 결과를 낳는지 추적하는 일에는 관심을 쏟고 있다. 실제로 나는 조용히 내 특유의 방식으로 정부에 대하여 선전 포고를 하고 있는 것이다. 비록 이러한 경우 흔히 그러하듯이 가능한 한도에서 계속 정부를 이용하고 그 혜택을 이용하기는 하겠지만 말이다. ─『시민 불복종』

세금을 내지 않아 감옥에 갇힌 사실과 감옥에서 풀려나자마자 허클베리(야생 월귤나무 열매)를 따러 가는 것은 큰 대조를 이룬다. 허클베리 밭에서는 자신에게 인두세를 부과한 매사추세츠 주 정부 같은 것은 눈에 보이지도 않았다고 말하는 것이 흥미롭다. 자연과 비교해 볼 때 인간의 제도가 얼마나 부질없는지를 잘 알 수 있다.

마크 트웨인이 그 유명한 소설『허클베리 핀의 모험』에서 주인공의 이름을 관례에 따라 예수의 열두 사도 이름으로 짓지 않고 굳이 야생 월귤 이름으로 지은 까닭도 바로 여기에 있다. 주인공은 문명 사회에 등을 돌린 채 자연 속에서 자유와 양심을 구가하려고 한다. 어떤 의미에서 허클베리 핀은 여러모로 소로와 닮은 데가 많다. 하버드 대학교를 졸업한 허클베리 핀이 바로 소로라고 할 수 있다.

이 세상은 일을 하는 장소다. 얼마나 야단법석을 떨고 있는가! 나는 거의 밤마다 기관차가 숨을 헐떡거리는 소리에 잠을 깬다. 그

소리 때문에 나는 꾸던 꿈을 중단한다. 안식일이란 없다. 인류가 한번이라도 휴식을 취하는 것을 보았으면 더 없는 영광이겠다. 오직 일, 일, 일만이 있을 뿐이다. 나는 생각을 적을 백지(白紙) 장부를 사기가 쉽지 않다. 흔히 달러와 센트를 기입하도록 미리 줄을 쳐 놓았기 때문이다. 내가 들판에서 무엇인가를 적고 있는 것을 보고 한 아일랜드 인은 내가 임금을 계산하고 있는 것으로 당연히 간주하였다. 만약 인디언이 한 어린아이를 창밖으로 내던져 평생 동안 불구가 되거나 지적 장애아가 되었다면, 그 사실을 애석하게 생각하는 것은 바로 그가 일을 할 수 없기 때문이 아닌가! 이 끊임없는 일보다 시나 철학, 아니 삶 자체에 더 어긋나는 것은 이 세상에 없을 것이다. 심지어 범죄도 그렇지 않을 것이다. ……

만약 어떤 사람이 숲이 좋아서 매일 반나절 숲 속을 산책한다면 아마 게으름뱅이로 낙인찍힐 것이다. 그러나 만약 하루 종일 투기꾼으로 시간을 보내며 숲을 베어 내고 땅을 대머리처럼 밀어 버린다면 그는 근면하고 진취적인 시민으로 평가받게 될 것이다. 마치 도시는 숲을 베어 내는 것 말고는 아무런 흥미가 없다는 듯이 말이다! ─「원칙 없는 삶」

영국의 문호 윌리엄 셰익스피어는 이 세계를 연극을 공연하는 무대라고 불렀지만 소로가 살던 동시대 사람들에게 이 세계는 일하는 장소와 다름없었다. 이 무렵 대부분의 사람들은 오직 일하기 위하여 이 세상에 태어났던 것이다. 휴식도 취하지 않고 돈을 벌기 위하여 이렇게 일만 하는 사람들을 보고 소로는 안타깝게 생각한다. 생각을 적을 흰 종이조차 구하기 어렵다고 불만을 털어놓는다. 『월든』에서도 소로는

"여백이 많은 삶을 살고 싶다."라고 고백하고 있다.

요즘 들어 부쩍 '게으름의 찬양'이니 '느림의 미학'이니 하는 말을 자주 듣는다. 그만큼 우리가 그 동안 숨 가쁘게 앞만 바라보며 살아왔다는 반증이다. 소로의 말대로 날마다 숲 속을 산책하면 "게으른 사람"으로 비난받지만 그 숲의 나무를 베어 내고 개발하면 근면하고 진취적인 시민"으로 융숭한 대접을 받는다. 그러나 소로는 이제 바쁜 발걸음을 멈추고 잠시나마 숨을 돌려야 한다고 충고한다. 게으름은 피하여야 할 악이 아니라 오히려 찬양하여야 할 미덕이라고 힘주어 말한다.

나는 이 공화국의 법전을 깊이 있게 읽어 보지 못하였다. 그것은 그렇게 보람 있는 읽을거리가 되지 못한다. 그 법전은 언제나 진실한 것을 말하는 것은 아니다. 또한 언제나 표현과 의미가 서로 일치하는 것도 아니다. ―「매사추세츠 주의 노예」

최근 포스트모더니즘의 거센 기류를 타고 법학 분야에서도 반정초주의(反定礎主義)의 물결이 밀어닥쳤다. 하버드 대학교 법과 대학 교수들을 중심으로 펼쳐진 비판 법률 연구회(Critical Legal Studies, CLS)에서는 전통적인 법학 이론에 정면으로 반기를 든다. 그들은 법률도 궁극적으로 언어의 구성물에 지나지 않는다는 점에서 여느 다른 문화 제도와 크게 다르지 않다고 지적한다. 법률에서 어떤 절대적 정의나 규범을 말한다는 것은 시대착오적이라는 것이다. 특히 그들은 미국 헌법이 자유와 평등의 이상을 지지한다는 것에 깊은 회의를 품는다.

그런데 일찍이 소로는 비판 법률 연구회보다 무려 150여 년 앞서 미국 공화국 법전에 대하여 의문을 품는다. 그 법전은 언제나 진실을 말하지 않을뿐더러 표현과 의미가 서로 일치하는 것도 아니라고 밝힌다. 표현과 의미가 서로 일치하지 않는 것은 바로 언어의 본질 가운데 하나라고 할 수사성(修辭性) 때문이다. 비판 법률 연구회에 속한 교수들을 비롯하여 포스트모더니즘의 세례를 받은 사람들은 하나같이 언어가 수사성에 의하여 오염되어 있으며, 그렇기 때문에 진실을 전달하는 매체가 될 수 없다고 지적한다.

이곳에는 이 광활하고도 야성적이며 울부짖는 우리의 어머니 대자연이 마치 표범처럼 자식에 대한 애정을 가득 품고 그토록 아름다운 모습으로 누워 있다. 그런데도 우리는 어머니의 젖가슴으로부터 너무 일찍 젖을 떼고 사회 속으로 들어가 인간과 인간이 만나는 문화라는 이유식을 섭취하였다. 말하자면 기껏해야 영국 귀족이나 일시적 문명을 만들어 내는 교육 말이다.

인간이 만든 가장 훌륭하다는 제도라는 사회에서도 미숙함을 쉽게 찾아볼 수 있다. 우리가 여전히 성장하는 어린아이여야 할 때 우리는 벌써 키 작은 어른이 되어 버렸다. 내게 목장에서 많은 거름을 들여와 땅을 비옥하게 하는 문화를 다오. 난방용의 거름, 개량된 도구들, 그리고 특정한 유행 문화만을 믿고 의지하는 그러한 문화가 아닌 진정한 문화를 다오.

눈이 상한 학생들 이야기를 많이 들어 왔지만, 그들이 만약 아주 늦게까지 자지 않고 책을 읽는 대신에 바보처럼 충분히 잠을 잔다면 지적으로나 육체적으로 더 빨리 성장할 수 있을 것이다. ─「산책」

대부분의 환경론자들과 마찬가지로 소로도 자연을 어머니나 모성(母性)으로 생각한다.『콩코드 강과 메리맥 강에서 보낸 일주일』에서도 "자연이 우리의 어머니라면 신은 우리의 아버지이다."라고 말한다. 다만 차이가 있다면 소로에게 자연은 부드럽고 수동적인 어머니의 모습보다는 야성이고 능동적인 모습을 하고 있다. 자연을 "당당하고 야성적으로 울부짖는" 어미 표범에 빗댄다. 그러나 자식에게 젖을 먹이고 있는 어머니의 모습을 표현한다는 점에서는 다른 환경론자들의 생각과 크게 다르지 않다. 앞에서 인용한『저널』에서도 그는 "지금 자연의 모습은 자식에게 '젖을 먹이는 어머니'의 모습이라고밖에는 달리 표현할 수 없으리라!"라고 밝힌 적이 있다.

소로는 인간이 자연의 젖가슴으로부터 너무 일찍 젖을 떼고 문명의 이유식을 시작한 것을 안타깝게 생각한다. 좀 더 자연이라는 어머니로부터 젖을 먹으며 영양을 공급받아야만 하였다. 오늘날 문명 사회에서 겪는 질병도 따지고 보면 이렇게 일찍 자연의 젖을 떼고 문명의 이유식을 받아들였기 때문이다.

하늘 쪽이 아니라 오리건 주, 캘리포니아 주 그리고 일본 같은 서쪽을 향한 이 나라의 모든 사업은 도보든 태평양 철도를 이용하든 전혀 관심이 없습니다. 그 일은 충분히 생각하여 설명한 것도 아니고, 따뜻한 감정의 온기를 받은 것도 아닙니다. 심지어 목숨은커녕 장갑마저 버려야 할 것이 없으며, 신문을 펴 볼 가치조차 없습니다. 그 일은 완전히 이교도적이지요. 서부 경로를 거쳐 천국에 불법으로 들어가는 것과 다름없습니다. 아니, 그들은 명백한 운명을 향하여 그들의 길을 가고 있을는지 몰라도 그 운명은 저의 운명이 아니라고 믿습니다. 제가 76달러를 언제 벌게 될는지는 몰라도 저는 그와는 다른 방향으로 가기를 간절히 원합니다. 그들이 꾸불꾸불한 길을 따라 가는 모습이 보입니다만 그들 무리로부터 어떤 음악소리도 들려오지 않고, 들려오는 소리라고는 오직 주머니에서 잔돈이 딸랑거리는 소리뿐입니다. 저는 자유롭게 그들이 가는 곳을 뒤쫓아가기보다는 차라리 포로가 된 기사(騎士)가 되어 그들 모두가 지나가도록 그냥 내버려 둘 것입니다. 그들은 일본을 지난 뒤에는 어떤 목적을 염두에 두고 있는 것일까요? 대초원의 들개보다 더 고상한 어떤 목적을 지니고 있는 것일까요? ─『서간집』

소로가 1853년 2월 27일에 해리슨 블레이크에게 보낸 편지의 일부이다. 이 글에서도 서부 개척에 대한 그의 태도를 쉽게 읽을 수 있다. 이 글의 핵심을 좀 더 쉽게 이해하려면 방향성을 눈여겨보아야 한다. 천국에 이르는 길이 수직적 방향이라면 서부 개척은 수평적 방향이다. 수직적 방향이 내세를 향한 것인 반면, 수평적 방향은 어디까지나 현세를 향한 것이다. 소로가 서부 개척을 "이교도적"이라고 못 박고 "불법적인 천국행"이라고 질타하는 까닭이다.

"명백한 운명"이라는 구절도 좀 더 눈여겨볼 필요가 있다. 이 무렵 서부 개척에 열을 올리던 영토 확장론자들은 서부 개척이야말로 거역할 수 없는 필연적인 역사의 흐름, 즉 "명백한 운명"이라고 굳게 믿고 있었다. 그러나 소로에게 이 운명은 삶을 위한 오솔길이 아니라 죽음을 향한 고속도로였다. 그리하여 그는 "명백한 운명"을 좇는 사람들이 지나가도록 길을 내주며 옆길에 비켜 서 있다. 이러한 서부 개척의 과정에서 오랫동안 서부에 살아온 인디언은 살 땅을 잃고 쫓겨나거나 죽음을 맞이하였음은 두말할 나위가 없다.

우리의 상상력을 거스르지 않게 소박하고 깨끗한 음식을 마련하고 요리하기란 그렇게 쉬운 일이 아니다. 그러나 우리가 육체에 먹을 것을 줄 때 상상력에도 먹을 것을 주어야 한다. 이 둘은 함께 같은 식탁에 있어야 한다. 어쩌면 그것은 그렇게 불가능한 일이 아닐는지도 모른다. 과일을 적당하게 먹을 때 우리는 식욕을 부끄럽게 여길 필요가 없으며, 우리가 추구하는 가장 고매한 작업이 방해받는 일도 없을 것이다. 그러나 음식에 지나치게 양념을 하면 독이 된다. 진수성찬을 먹으면서 살아가는 것은 바람직하지 않다. 대부분의 사람은 육식이든 채식이든 정확히 그러한 식사를 자기 손으로 준비하다가

들키면 수치심을 느낄 것이다. 그러나 이러한 상황을 바꾸기 전에는 우리는 아직 문명인이라고 할 수 없으며, 신사숙녀가 될는지는 몰라도 참다운 남성과 여성이라고는 할 수 없다. 이것을 보면 확실히 어떤 변화가 이루어져야 한다는 것을 암시한다. 인간이 육식동물이라는 것이 부끄러운 일이 아닌가? 인간은 어느 정도 다른 동물을 잡아먹으면서 살아갈 수 있고, 실제로 그렇게 살아가고 있다. 그러나 덫을 놓아 토끼를 잡거나 양을 도살하려는 사람들이라면 누구나 곧 깨닫게 되듯이 그것은 비참한 짓이 아닐 수 없다. 좀 더 순수하고 건전한 식사법을 가르쳐 주는 사람이 있다면 그는 인류의 은인으로 대접받을 것이다. 나 자신의 행동과는 관계없이 인류는 점점 발전해 나가면서 육식을 그만둘 운명이라고 믿어 의심하지 않는다. 야만 종족이 더 개화된 종족과 접촉하면서 서로를 잡아먹는 식인 습관을 버리게 된 것과 꼭 마찬가지로 말이다. ―『월든』, 「좀 더 높은 법칙」

 초록색 식물처럼 광합성을 하여 스스로 에너지를 만들어 낼 수 없는 인간은 어쩔 수 없이 초록색 식물을 채집하여 먹거나 짐승을 잡아먹을 수밖에 없다. 저 에덴동산에 살았던 아담과 하와는 처음에는 채식주의자였다. 신은 그들에게 "내가 온 땅 위에 있는 씨 맺는 모든 채소와 씨 있는 열매를 맺는 모든 나무를 너희에게 준다. 이것들이 너희의 먹을거리가 될 것이다."(「창세기」 1장 29절)라고 말한다. 노아의 홍수 이후에서야 비로소 신은 인간에게 동물을 잡아먹을 수 있는 권리를 준다.

 소로는 이 글에서 우리에게 아담과 하와가 처음에 그리하였던 것처럼 채식주의자로 돌아갈 것을 주장한다. 식인종들이 문명인과 접촉하면서 사람을 잡아먹는 야만적 습관을 버렸듯이 육식을 하는 문명인들도 언젠가는 짐승을 잡아먹는 습관을 버릴 것이라고 말한다. 소로에게 채식이 육식보다 "좀 더 순수하고 건전한 식사법"이다. 실제로 그는 육식 대신에 채식을 한 것으로 알려져 있다.

누구라도 부당하게 가두는 정부에서 의로운 사람이 있을 마땅한 곳이란 역시 감옥밖에는 없다. 매사추세츠 주가 좀 더 자유분방하고 풀이 덜 죽은 사람들을 위하여 마련해 놓은 유일한 장소, 또한 지금 시점에서 가장 떳떳한 장소는 감옥이다. 매사추세츠 주는 법령에 따라 그곳에 그 사람들을 가두었지만 그들은 이미 자신들의 원칙에 따라 스스로 갇혔던 것이다. 도주 노예나 가석방된 멕시코 인 죄수나 자기네 종족이 당하는 억울함을 호소하려고 온 인디언이 그 사람들을 만날 수 있는 곳도 바로 감옥이다. 매사추세츠 주가 자기에게 동조하지 않고 반대하는 사람들을 가두는, 격리되어 있지만 실제로는 더 자유롭고 더 명예로운 곳, 노예의 나라에서 자유인이 명예롭게 살 수 있는 유일한 집이 감옥이다. 감옥 안에서 그들의 영향력이 힘을 못 쓰고 그들의 목소리가 이제 더 주 정부를 괴롭히지 못하며 그들이 담벼락 안에서 이제 더 이상 주 정부의 적이 되지 못하리라고 생각하는 사람들은 진리가 허위보다 얼마나 더 강한지를 모르는 사람들이요, 감옥 안에서 불의를 직접 겪어 본 사람이 얼마나 더 큰 설득력을 가지고 효과적으로 싸울 수 있는지를 모르는 사람들이다. 당신의 온몸으로 투표에 임하라. 다만 한 조각 종이가 아니라 당신의 영향력 모두를 던져라. 소수가 무력한 것은 다수에게 다소곳이 순응하고 있을 때다. 그때는 이미 소수라고 할 수도 없다. 그러나 소수가 있는 힘을 다해 막을 때 거역할 수 없는 힘을 갖게 된다. 의로운 사람을 모두 감옥에 가두든가 전쟁과 노예 제도를 포기하든가 양자택일을 하여야 한다면 주 정부는 어떤 길을 택할지 주저하지 않을 것이다. ―『시민 불복종』

의로운 일을 하다가 감옥에 간힌 사람의 입장에서 보면 바깥 세상이 오히려 감옥인 셈이다. '창살 없는 감옥'이라는 말은 바로 이러한 상황을 표현한 것이다. 세금이 노예 제도를 유지하는 데 사용된다면 세금을 내는 것은 악의 편에 서 있는 것이 된다. 소로처럼 세금을 내지 않았다고 하여 감옥에 갇히는 쪽이 차라리 정의를 실천하는 행동이다. "노예의 나라에서 자유인이 명예롭게 살 수 있는 유일한 집이 감옥이다."라는 말에서는 정신이 반짝 든다. 일찍이 공자는 "의로우면 부끄럽지 않다.(義不恥)"라고 말하지 않았던가.

바람이 잠시 잠잠한 곳에 눈 더미가 쌓인다. 마찬가지로 진리가 잠시 잠잠한 곳에 제도가 생겨나게 마련이다. 그러나 그 위에 진리의 바람이 불어오면 마침내 그것이 바로 날아가 버린다.

정치라고 하는 것은 상대적으로 아주 피상적이고 비인간적이어서 실제로 나는 그것이 나와 조금이라도 관계가 있다고 느껴 본 적이 없다. 신문은 특히 정치나 정부를 비난하지 않고 그들에게 신문의 지면의 일부를 할애한다. 그리고 어쩌면 이것은 정부를 구해 주는 모든 것이라고 할 수 있다. 그러나 나는 문학을 사랑하기 때문에, 또한 어느 정도 진리도 사랑하기 때문에 절대로 그러한 지면을 읽지 않는다. 나는 옳고 그름에 대한 감각이 무뎌지기를 원하지 않는다. 대통령의 교서를 단 하나라도 읽었다는 대답을 할 필요가 없다. 요새는 제국과 왕국, 공화국이 개인의 문간으로 구걸을 하러 다니고 불평을 그 가까이에서 말하다니 참으로 희한한 세상이 아닌가! ―「원칙 없는 삶」

소로에게 인간의 제도란 그 이름이 무엇이건 하나같이 자연과는 거리가 멀다. 이 점에서 자연이란 진리를 가리키는 또 다른 이름이라고 할 수 있다. 자연이나 진리가 잠잠하면 그 틈을 타서 인간의 제도가 마치 비 온 뒤 죽순이 솟아나듯 여기저기에 생겨난다. 그러나 다시 자연이나 진리가 나타나면 그 제도들은 모래성이 강풍에 허물어지듯 사라진다.

'관념적으로는' 노예 제도에 반대하고 멕시코 전쟁에 반대하면서도 실제로 그것을 종식시키는 데 아무 일도 하지 않는 사람들이 수없이 많다. 조지 워싱턴과 벤저민 프랭클린의 자식들이라고 자처하면서도 호주머니에 두 손을 집어넣고 앉아서 어떻게 하여야 될지 모른다고 말하며 아무 일도 하지 않는다. 심지어 자유 문제마저 자유 무역의 문제 뒤로 미루어 버리고 저녁을 먹은 뒤 조용히 멕시코에서 날아온 뉴스와 함께 시세표를 읽다가 잠에 빠지고 만다. 오늘날 정직한 사람과 애국자의 시세가 과연 얼마나 나갈까? 그들은 저주하는가 하면 후회하고 때로는 탄원서를 제출한다. 그러나 진지하고 효과적인 일은 아무것도 하지 않는다. 자신은 더 이상 후회할 필요가 없도록 호의를 갖고 다른 사람들이 악을 치유하기를 기다릴 것이다. 기껏해야 그들은 선거 때 정의에 값싼 투표를 던지고, 정의가 그들 앞에 지나갈 때 나약한 얼굴 표정을 지으며 행운을 빌 뿐이다. 덕을 지지하는 사람은 무려 999명이나 되지만 막상 덕을 실천하는 사람은 단 한 사람밖에 되지 않는다. 그러니 임시로 물건을 지켜 주는 사람과 거래하기보다는 그 물건의 실제 주인과 거래하는 쪽이 더 쉽다.

모든 투표는 일종의 도박이다. 장기나 주사위놀이와 같다. 다만 약간의 도덕적 색깔을 띠고 있을 따름이다. 도덕적인 문제를 가지고 옳으냐 그르냐 하는 노름을 하는 것이다. 그러므로 마땅히 내기가 뒤따르게 마련이다. 그러나 투표자의 인격을 거는 것은 아니다. 나는 내가 옳다고 생각하는 쪽에 표를 던지겠지만 옳은 쪽이 승리를 하여야 한다며 목숨을 걸 정도는 아니다. 나는 그 문제를 다수에게 맡기려는 것이다. 그러므로 그 책임은 편의의 책임 정도를 결코 넘지 못한다. 정의 편에 투표하는 것도 정의를 위하여 어떤 행동을 하는 것은 아니다. 다만 정의가 승리하기를 바란다는 당신의 의사를 다른 사람들에게 가볍게 표시하는 것일 뿐이다. 현명한 사람이라면 정의를 운수에 맡기려고 하지 않을 것이고, 정의가 다수의 힘을 통하여 실현되기를 바라지도 않을 것이다. —『시민 불복종』

　미국 식민지가 독립하는 데 이론적 뒷받침해 준 혁명가 패트릭 헨리(1736~1799년)는 "행동하지 않는 양심은 악의 편에 서 있다."라고 말한 적이 있다. 소로도 구체적인 실천이 따르지 않는 관념이란 공허하다고 밝힌다. 생각으로만 노예 제도를 타파할 것을 부르짖고 멕시코 전쟁을 종식하자고 외쳐대며 실제로는 아무런 행동도 하지 않고 있다면 그 사람은 악의 편에 서 있는 것과 다르지 않다. 소로는 관념을 행동으로 몸소 실천에 옮기는 사람은 1000명 가운데 겨우 한 사람밖에 되지 않는다고 절망감을 털어놓는다.

　집을 지을 때 내가 그랬던 것보다 좀 더 깊이 생각하면서 집을 짓는 것이 좋을 것 같다. 예를 들어 문, 창문, 지하실, 다락방이 인간 본성에서 어떤 바탕을 둔 것인지를 생각해 보고 경우에 따라서는 일시적인 필요성보다 더 좋은 이유를 찾을 때까지 집을 아예 짓지 않기로 하는 것이 어떨까 하고 말이다. 사람이 집을 짓는 데에는 새가 보금자리를 지을 때와 어느 정도 똑같은 목적이 있다. 만약 사람이 자기 손으로 직접 집을 짓고 소박하고 정직한 방법으로 자신과 가족을 부양한다면, 마치 새들이 그 같은 일을 할 때 언제나 노래하듯 누구에게나 시적 재능이 피어날지 누가 알겠는가? 그러나 아, 슬프도다! 불행하게도 우리는 다른 새들이 지어 놓은 둥지에 자기 알을 낳으며 시끄러운 울음소리가 나그네들을 조금도 기쁘게 하지 않는 박달새나 뻐꾸기처럼 행동하고 있다. 우리는 집 짓는 즐거움을 영원히 목수에게 넘겨주고 말 것인가? 대부분 사람들의 경험에서 건축이 차지하는 몫은 어느 정도일까? 나는 여기저기 꽤 돌아다닌 편이지만 자기 집을 짓는 것처럼 단순하고 자연스러운 일을 하는 사람을 단 한 사람도 만난 적이 없다. 우리는 공동체에 속해 있다. 아홉 사람이 모여야 한 사람의 온전한 인간이 되는 것은 비단 재봉사만이 아니다. 목사도 상인도 농부도 마찬가지다. 이 노동 분업은 어디에서 끝날 것인가? 그리고 그것은 결국 어떤 목적에 이바지할 것인가? 틀림없이 지금 어떤 다른 사람이 나를 대신하여 생각하고 있을는지 모른다. 그렇다고 하여 내가 스스로 생각하는 것을 중단하고 생각하는 일을 그에게 맡겨 두는 것은 바람직하지 않다. ─『월든』, 「숲 생활의 경제」

　작업이 분화되기 이전 고대에는 배를 젓는 뱃사공은 배를 직접 만들었으며 밭을 가는 농부는 쟁기를 자기가 직접 만들었다. 그들은 이렇게 자기가 사용할 물건을 직접 손으로 만들면서 창조의 기쁨을 느꼈다. 그러나 자본주의 사회로 넘어오면서 노동자는 점점 노동에서 오는 창조적 기쁨을 잃어버린 채 단순히 도구로 전락하게 되었다. 우리는 일상생활에서 사용하는 물건들이 어떠한 과정을 거쳐 생산되는지 까맣게 모르고 있다. 이러한 현상을 두고 카를 마르크스는 일찍이 '소외' 또는 '물화(物化)'라고 불렀다. 마르크스와 마찬가지로 소로는 현대 사회의 소외와 물화 현상에 대해 적잖이 우려한다. 현대인은 다른 새가 지

문명　155

어 놓은 집에서 살며 알을 낳는 박달새나 뻐꾸기와 다를 바 없다고 한탄한다.

어떤 사람들은 '부지런하고' 일하는 것 자체가 좋아서 일을 열심히 하는 것처럼 보인다. 또는 나쁜 길에 빠지니까 일에 빠지지 않도록 일을 할는지도 모른다. 그러한 사람들에게 나는 지금으로서는 뭐라고 할 말이 없다. 지금 누리고 있는 여가보다 더 많은 여가가 생기면 어찌할 바를 모르는 사람들에게, 나는 지금의 일을 곱절로 늘리라고 권하고 싶다. 빚을 다 갚고 자유의 증서를 얻을 수 있도록 말이다. 나는 개인적으로 모든 직업 중에서 날품팔이가 가장 자유스러운 직업이라고 생각한다. 특히 한 사람이 먹고사는 데 1년에 30일이나 40일만 일하면 되는 날품팔이 말이다. 날품팔이의 일과는 해가 지면 끝나며, 그 뒤의 시간에는 자신의 노동과 아무 관계없이 하고 싶은 일을 마음대로 할 수 있다. 그러나 언제나 달이면 달마다 이 궁리 저 궁리를 해야 하는 그의 고용주는 1년 내내 숨 돌린 틈조차 없다.

요컨대 나는 신념과 경험에 따라 만약 우리가 소박하고 현명하게 살기로 한다면 이 지구상에서 삶을 유지하는 것은 고통이 아니라 도락(道樂)이라는 사실을 확신하게 되었다. 좀 더 소박한 민족들이 살아가려고 추구하는 일은 좀 더 문명국에 사는 민족들에게는 아직도 스포츠가 된다. 나보다 땀을 쉽게 흘리지 않는 사람이라면 이마에 땀을 흘려 가며 생계를 꾸릴 필요가 없다. —『월든』,「숲 생활의 경제」

　　노자나 장자의 '무위의 철학'이 떠오른다. 출세를 목숨처럼 소중히 여기는 현대인에게 날품팔이가 가장 이상적인 직업이라는 소로의 말에 찬성할 사람은 그리 많지 않을 듯하다. 그러나 '여백이 많은 삶'을 살기 원하는 소로에게 일에만 얽매이는 삶은 그다지 바람직하지 않다. 문명국에 사는 사람들보다 원시 사회에 사는 사람들이 행복한 까닭이다. 『월든』에서 소로는 "인생에서 가장 가치 없는 노년기에 미심쩍은 자유를 누리려고 인생의 황금기를 돈 버는 일로 보내는 사람을 보면, 고국에 돌아와 시인 생활을 하려고 먼저 인도(印度)로 건너가 돈을 벌려고 한 어떤 영국인이 생각난다. 그는 당장 다락방에 올라가 시를 짓기 시작하였어야 하였다."라고 밝힌다.

　　우리는 메인 주에서 텍사스 주를 잇는 전신(電信)을 가설하려고 무척이나 서두르고 있다. 그러나 메인과 텍사스는 서로 통신할 만큼 중요한 일이 아무것도 없을지도 모른다. 이 두 지방은 마치 어떤 저명한 귀머거리 부인을 소개받기를 열렬히 바라던 한 사나이가 마침내 소개를 받아 그녀의 보청기 한쪽이 자기 손에 쥐어지자 아무런 할 말이 없었던 것과 똑같은 곤경에 빠지고 만 것이다. 다시 말하자면 전신의 중요한 목적은 빠른 속도로 말하자는 것일 뿐 조리 있게 말하자는 것이 아닌 것이다. 우리는 대서양에 해저 케이블을 가설하여

문명　157

구세계의 소식을 신세계에 몇 주일 앞당겨 가져오기를 열렬히 갈망한다. 그러나 이 해저 전신을 타고 미국 사람의 나풀거리는 큰 귀에 들려오는 첫 소식은 기껏해야 애들레이드 공주가 백일해를 앓고 있다는 소식일 것이다. 결국 1분에 1마일(1.6킬로미터)을 달리는 말을 타고 오는 사람이라고 가장 중요한 소식을 가지고 오는 것은 아니다. 그는 복음 전도사도 아니며 메뚜기와 꿀을 먹으며 오는 예언자도 아니다. 저 유명한 경주마 플라잉 차일더스가 방앗간으로 옥수수 한 말이라도 나른 적이 있는지 의심스럽다. ―『월든』, 「숲 생활의 경제」

    21세기의 문턱을 막 넘어선 지금 우리는 정보와 지식을 돈으로 주고 팔고 산다는 정보화 시대에 살고 있다. 컴퓨터의 보급과 인터넷 같은 통신 기술의 발달로 옛날 같으면 상상도 할 수 없는 정보를 얻고 있다. 그러나 현대인들은 정보의 바다에서 유용한 지식을 얻기보다는 오히려 정보의 홍수 속에 익사할 정도다. 인터넷을 검색할 때마다 느끼는 것이지만 별로 쓸데없는 정보가 흘러넘친다. 이러한 정보로 적잖이 혼란을 겪는다. 이러한 현상을 두고 한 학자는 '인포카오스(infochaos)'라고 부른다. 범람하는 정보가 카오스를 이루고 있다는 것이다.

    소로도 이 글에서 인포카오스를 지적하고 있다. 컴퓨터나 인터넷은 아직 없었지만 19세기 중엽에도 벌써 이러한 현상이 일어났다. 미국 대륙에 걸쳐 전신 시설을 설치하고 대서양에 해저 케이블을 깔았지만 막상 유럽에서 전해 오는 소식이란 그다지 중요할 것도 없는 가십거리뿐이다. 전신이나 컴퓨터나 그 순기능 못지않게 역기능을 지닌다.

나는 어떤 사람이 기운 옷을 입었다고 하여 그 사람을 조금이라도 낮게 본 적이 없다. 그러나 흔히 사람들은 건전한 양심을 갖기보다는 유행에 맞는 옷, 적어도 깨끗하고 기운 자국이 없는 옷을 입는 데 더 신경을 쓰고 있다는 사실을 잘 알고 있다. 그러나 설령 찢어진 곳을 깁지 않고 그대로 입었다고 하더라도 그것 때문에 드러난 최악의 악은 기껏해야 주의가 좀 부족하다는 정도일 것이다. 나는 가끔 친지들을 시험해 본다. 누가 무릎 위를 깁거나 두어 번 박음질을 한 옷을 입어 볼 용기가 있는가? 대부분의 사람들은 그러한 옷을 입으면 자신의 앞날을 망칠 것으로 생각한다. 그들은 떨어진 바지를 입기보다는 차라리 다리가 부러져 절룩거리며 걷는 쪽을 택할 것이다. 한 신사의 다리에 사고가 생기면 치료를 받을 수 있지만 그의 바지에 비슷한 사고가 생기면 치료 방법이 없다는 것이다. 그는 참으로 존경할 만한 것이 무엇인가를 생각하기보다는 세상 사람들이 존경하는 것이 무엇인가를 먼저 염두에 둔다. 우리는 사람에 대해서는 아주 조금밖에 알고 있지 않지만 외투나 바지에 대해서는 무던히도 많이 알고 있다. 당신이 최근 입었던 옷을 허수아비에게 입혀 놓고 그 옆에 알몸으로 서 있어 보라. 그러면 아마 모두들 허수아비에게 인사를 할 뿐 당신에게는 인사를 하지 않을 것이 아닌가? 며칠 전 나는 어느 옥수수 밭을 지나가다가 나무 말뚝에 모자와 외투를 입혀 놓은 것을 보고 그 밭주인이 누구인지 알아보았다. 그는 내가 마지막으로 보았을 때보다 조금 더 풍상(風霜)에 시달려 보였다. 내가 듣기로 어떤 개는 낯선 사람이 옷을 입고 주인집 가까이 오면 짖어 대지만 발가벗고 침입한 도둑에게는 쉽게 가만히 있었다고 한다. 사람들이 옷을 벗어 버려도 어느 정도 각자의 지위를 유지할 수 있을 것인가 하는 것은 흥미로운 문젯거리다. 이 경우 당신은 가장 존경받는 계급에 속한 일단(一團)의 문명인을 틀림없이 가려낼 수 있을 것인가? ―『월든』, 「숲 생활의 경제」

얼마 전 한 사회학자는 옷이 몸을 보호하는 기능보다는 심미적 기능이 훨씬 더 크다는 사실을 밝혀내어 관심을 끌었다. 눈보라가 몰아치는 한겨울에도 짧은 미니스커트를 입은 여성을 심심치 않게 보게 된다. 구약성서의 한 선지자는 "옷을 찢지 말고 마음을 찢어라."(「요엘서」 2장 13절)라고 외친다. 몸에 걸친 옷보다 중요한 것이 사람의 마음이요 정신이다. 아무리 몸에 넝마를 걸치고 있을망정 마음이 곧고 정신이 올바르다면 대중 앞에 서는 것이 그렇게 부끄럽지 않을 것이다. 소로는 사람들이 떨어진 바지를 입기보다는 다리가 부러져 절룩거리며 걷는 쪽을 택할 것이라고 한탄하며 지나치게 외모에만 관심을 기울이는 것에 경종을 울린다.

나는 읍내에 사는 젊은이들이 불행하게도 농장, 주택, 창고, 가축, 농기구들을 유산으로 물려받는 것을 본다. 이러한 것들은 얻기보다는 버리기가 더 어려운 법이다. 그들은 차라리 광막한 초원에서 태어나 늑대의 젖을 먹고 자라났더라면 더 좋았을 것이다. 그랬더라면 자신이 힘들여 가꾸어야 할 땅이 어떤 것인지 좀 더 맑은 눈으로 바라볼 수 있었을 것이다. 누가 그들을 흙의 노예로 만들었는가? 그들은 왜 오직 한 펙(1peck, 약 9리터)의 흙을 먹어도 될 것을 24만 제곱미터나 되는 흙을 먹어야 하는가? 그들은 왜 태어나자마자 무덤을 파기 시작하여야 하는가? 그들은 이러한 모든 소유물을 앞에 두고 밀고 가면서 힘겹게 한평생을 살아야만 한다. 길이 22미터 폭 12미터나 되는 곡식 창고며, 한 번도 청소를 한 적이 없는 더럽기 그지없는 외양간이며, 40만 제곱미터나 되는 토지와 경작지와 목초지며, 목장과 숲을 앞에 두고 밀고 나가면서 등에 진 짐에 눌려 깔리다시피 한 채 힘든 인생길을 걷는 불멸의 영혼을 지닌 가련한 사람들을 얼마나 많이 보아 왔던가! 유산을 물려받지 않아 그러한 불필요한 짐과 싸우지 않아도 되는 사람들도 그들 나름대로 자그마한 육신 하나의 욕구를 채우고 가꾸는 데 힘겨워한다.

 그러나 사람들은 잘못된 생각 때문에 고생하고 있다. 사람의 태반은 곧 땅에 묻혀 거름으로 바뀐다. 사람들은 흔히 필연이라고 일컫는 거짓 운명의 말을 듣고 한 옛날 책의 말처럼 좀이 파먹고 녹이 슬며 도둑이 들어와서 훔쳐 갈 재물을 모으느라고 정신이 없다. 그러나 인생이 끝날 무렵이면 자연히 알게 되겠지만 이것은 어리석은 사람의 인생이다. 그리스 신화에 따르면 듀칼리온과 그의 아내 피라는 머리 위로 돌을 던져 인간을 만들었다고 한다. …… 비교적 자유로운 이 나라에서도 대부분의 사람들은 오해와 무지 때문에 부질없는 근심과 과도한 노동에 몸과 마음을 빼앗겨 삶의 아름다운 열매를 따지 못한다. 지나친 노동으로 거칠어진 그들의 손가락은 그 열매를 딸 수 없을 만큼 투박하고 떨린다. ―『월든』, 「숲 생활의 경제」

여행자와 마찬가지로 삶의 여행을 하는 사람도 두 가지 유형이 있다. 온갖 짐을 가지고 다니는 사람이 있는가 하면, 될 수 있는 대로 가벼운 차림으로 가는 사람이 있다. 두말할 나위 없이 소로는 후자에 속한다. 온갖 물건을 상속받은 사람은 등에 무거운 짐을 지고 여행을 하는 사람과 같다. 이와 관련하여 소로는 "우리가 기차에 타고 있는 것이 아니라 오히려 기차가 우리 위에 올라타 있다."라고 말한 적이 있다. "우리가 말에 타고 있는 것이 아니라 오히려 말이 우리 위에 올라타 있다."라는 에머슨의 말을 바꾸어 표현한 것이다. 여기에서 "옛날 책"이란 바로 신약성서이며 "너희는 자기를 위하여 보물을 땅에다가 쌓아 두지 마라. 땅에서는 좀이 먹고 녹이 슬어서 망가지며, 도둑들이 뚫고 들어와서 훔쳐간다."(「마태복음」 6장 19절)라는 구절을 가리킨다.

교육

배우지 못한 사람의 지식은 울창한 숲과 같다. 생명력이 넘쳐도 이끼와 버섯 따위에 덮여 대개는 쓸모가 없다. 과학자의 지식은 공공사업을 위하여 마당에 내놓은 목재와 같다. 잘하면 이곳저곳에서 유용하게 쓸 수도 있지만 쉽게 썩는 결함이 있다. —『저널』

비유법을 구사할 때에도 소로는 자연주의자답게 자연에 빗대기 일쑤이다. 무식한 사람과 유식한 사람의 지식을 각각 울창한 숲과 목재에 비유하는 솜씨가 여간 놀랍지 않다. 무식한 사람의 지식(울창한 숲)이나 유식한 사람의 지식(목재)이나 한계를 지니고 있게 마련이다. 그렇다면 가장 바람직한 지식은 울창한 숲과 목재의 중간 어디에 있어야 할 것이다.

당신은 아이들이 단풍나무 그늘 아래서 뛰놀며 자랄 때 그것이 그 아이들에게 어떤 좋은 영향을 끼치는지 생각해 본 적이 있는가? 아이들의 눈은 끊임없이 단풍나무의 색깔을 빨아들인다. 수업을 빼먹고 놀러 다니는 아이들마저 문 밖에 나서면 이 단풍나무 선생님에게 붙들려 가르침을 받는다. 실제로 요즈음 학교에서는 농땡이 치는 학생이든 모범생이든 색깔에 대한 교육을 제대로 받지 못하고 있다. 아이들은 기껏해야 약국과 상점 들의 조잡한 진열장에서 색깔에 대한 교육을 받고 있을 뿐이다.

우리 마을 거리에 좀 더 많은 꽃단풍나무들이 서 있지 않을뿐더러

그나마 호두나무 한 그루마저 없다는 것이 안타깝기만 하다. 지금 아이들이 사용하는 물감은 보잘것없다. 우리가 아이들에게 그림물감을 사 주는 대신, 그 그림물감에 덧붙여 나뭇잎의 자연스러운 색깔에 대하여 가르쳐 줄 수 있다면 얼마나 좋을까? 아이들이 색깔에 대하여 공부할 수 있는 곳으로 이보다 더 좋은 환경이 어디 있겠는가? 어떤 미술학교가 그와 경쟁할 수 있단 말인가? 미래에 화가, 옷감 제조업자, 종이 제도업자와 벽지 인쇄업자, 그밖에 온갖 직업에 종사할 얼마나 많은 아이들의 눈이 이 가을의 색깔로부터 가르침을 받을 것인가?

　문방구에서 파는 봉투 또한 색깔이 다양할는지 모르지만 나무 한 그루에 매달린 색깔만큼 그렇게 다양하지는 않다. 당신이 어떤 특정한 색깔의 색조에 관심 있다면, 나무 한 그루의 안이나 밖을 살펴보거나, 숲 속에 들어가 숲을 자세히 들여다보기만 하면 된다. 이러한 나뭇잎들은 염색 공장에서처럼 많은 잎들을 한 가지 염료에 담가서 물들인 것이 아니다. 그 잎들은 헤아릴 수 없을 만큼 많은 각기 다른 강도의 빛 속에 물들인 뒤 마른 것이다. ―「가을의 빛깔」

　소로에게 이 세상에서 자연보다 더 훌륭한 교육의 장(場)은 없다. 풀 한 포기 나무 한 그루가 아이들에게는 더없이 소중한 교사가 된다. 소로는 색깔을 한 예로 들고 있다. 인공적인 색깔이 아무리 다양하고 곱다고 하여도 가을 단풍의 자연스러운 빛깔을 도저히 따라갈 수 없다. 그런데도 마을 근처에 꽃단풍나무는커녕 호두나무조차 없다고 소로는 개탄한다. 그로부터 줄잡아 한 세기 하고도 50년이 지난 지금은 어떠한가? 오늘날 도회에 있는 대부분의 학교는 손바닥만 한 운동장

밖에는 없고, 그것마저 주차장에 자리를 내어주어야 할 판이다.

소로는 또 다른 저널에서 "나는 어린아이들의 학교를 숲으로 옮기는 것이 가치 있는 일이라고 생각한다. 너무 늦은 때에 식물학자들을 고용하여 아이들에게 상수리나무에 대하여 강의하는 대신에 상수리나무가 모두 사라지기 전에 아이들이 그 나무가 어떤 나무인지에 대해 알 수 있도록 말이다."라고 밝히기도 한다. 소로의 이 말은 요즈음처럼 컴퓨터에만 매달려 있는 아이들에게 더더욱 깊은 의미를 지닌다.

젊은이들이 즉시 삶을 실험해 보는 것보다 살아가는 방법을 더 잘 배울 수 있는 방법이 어디 있겠는가? 그렇게 하면 수학 공부만큼이나 그들의 정신을 단련시키게 될 것이다. 만약 한 소년이 가령 예술이나 과학에 대하여 좀 알고 싶어 한다면, 나는 그를 이웃에 있는 어떤 교수에게 보내는 일반적인 방법을 택하지 않을 것이다. 대학교에서는 삶의 기술을 제외한 것을 가르치고 실습한다. 망원경이나 현미경으로 세계를 관찰하는 방법은 가르치지만, 육안으로 직접 세상을 보는 법은 가르치지 않는다. 화학은 가르치되 자기 빵이 어떻게 구워지는가는 가르치지 않으며, 기계학은 가르치되 빵을 어떻게 버는가에 대해서는 가르치지 않는다. 해왕성의 새로운 위성은 발견해 내지만 자기 눈의 티는 보지 못하며, 식초 한 방울 안에 살고 있는 괴균(怪菌)을 연구하면서도 자기 주위에서 우글거리는 괴물들에게 자신이 잡아먹히고 있다는 사실은 까맣게 모르고 있다. 한 달이 지난 뒤에 다음 두 학생 중 어느 쪽이 더 발전해 있을까? 즉 한 학생은 자기가 캐 낸 쇠붙이를 녹여서 주머니칼을 만들되 그러면서도 그 일에 필요한 책들을 읽었으며, 또 한 학생은 대학교에 나가 광물학 강의를 듣되 아버지로부터 로저스 주머니칼을 선물로 받았다면 말이다. 이 두 사람 중에 누가 더 손가락을 잘 베겠는가?(대학교를 졸업할 무렵 나는 내가 재학 중에 항해학 과목을 수강한 사실이 있다는 것을 듣고는 어찌나 놀랐는지!) 차라리 내가 배 한 척을 직접 몰고 항구 밖으로 단 한 번이라도 나갔더라면 항해술에 대하여 훨씬 더 많은 것을 배웠을 것이다. 가난한 학생들까지도 정치 경제학만 공부하고 강의를 듣고 있는데도 우리 대학교에서는 철학과 동의어라고 할 수 있는 삶의 경제에 대해서는 진지하게 가르치고 있지 않다. 그러한 결과로 애덤 스미스와 리카도와 세이의 경제학 서적을 읽고 있는 동안 그 학생은 자기 아버지를 헤어날 수 없는 빚 구덩이에 몰아넣고 마는 것이다.

— 『월든』, 「숲 생활의 경제」

    지금도 마찬가지이지만 소로가 살던 19세기 중엽에도 교육 내용을 두고 논란이 적지 않았다. 한쪽에서는 원리적이고 철학적인 내용을 가르쳐야 한다고 주장하고, 다른 쪽에서는 실제 생활에 도움을 줄 수 있는 좀 더 실용적이고 구체적인 것을 가르쳐야 한다고 주장하였다. 두말할 나위 없이 소로는 후자의 입장을 지지한다. 좀 더 피부에 와 닿는 현실적이고 구체적인 학습 내용을 가르쳐야 한다고 생각한다. 이 글의 마지막 부분에서 그는 이 무렵 영국의 대표적인 경제학자들을 언급하면서 과연 그들의 이론을 공부하는 것이 경제적으로 얼마나 도움을 줄는지 의구심을 품는다.

우리는 우리 교육 제도를 자랑하고 있다. 그런데 교육은 왜 교사(敎師)들이나 학교에서 멈춰 버리는가? 우리 모두가 교사며 온 우주가 학교다. 학교가 서 있는 주변 풍경들을 무시한 채 학교 책상에만 앉아 있는 것이야말로 어리석은 짓이다. 밖을 내다보지 않는다면 우리는 결국 좋은 학교를 초원에서 찾아야 할 것이다. —「허클베리」

소로는 미국이 자랑해 마지않는 교육 제도에 문제를 제기한다. 미국의 교육은 학교에서 교사가 가르치는 교과 내용으로 만족한다. 그러나 소로는 교육에는 교사가 따로 없으며 어른 모두가 교사 노릇을 하여야 하며 자연이 교육장의 구실을 하여야 한다고 생각한다. 그에게 자연만큼 좋은 학교는 없다.

많은 사람들은 '그들의 교육을 마치기 위하여' 유럽에 건너간다. 그들이 공부를 마치고 돌아올 때 친구들은 그들이 배운 것이라고는 고작 올바른 영어 발음뿐이라는 사실을 알게 된다. 때 이르게 껍질이 딱딱하게 굳어 버렸지만 조가비의 속은 텅 비어 버린 것과 같다. 호리병박처럼 쓸모 있는 도구가 되었지만 그 속에는 맛있는 영양분은 없다. 맛있는 영양분을 얻는 대신에 때 이르게 딱딱한 껍질로 굳어 버렸다. 말하자면 고국을 떠나갈 때에는 호박이었지만 돌아올 때에는 호리병박이 되었다고나 할까. 그들의 내용물은 모두 짜냈고, 필수적인 기름은 모두 사라져 버렸다. ―『저널』

우리나라의 젊은이들이 대학교를 졸업하고 외국으로 유학을 떠나듯 이 무렵 미국의 젊은이들은 영국을 비롯한 유럽으로 유학을 떠났다. 그러나 소로는 그들이 영어 발음 같은 것만 배울 뿐 막상 배워야 할 것을 제대로 배우지 못하고 귀국한다고 지적한다. 그리하여 그는 이러한 젊은이들을 겉껍질만 단단할 뿐 속이 텅 비어 있는 조가비나 호리병박에 빗댄다. 그에게 유럽 유학은 한낱 허영심을 만족시키는 허세에 지나지 않는다.

그 사람은 하버드 대학교에 다니지 않았다. 그 학교는 오래되고 훌륭한 내 모교이지만 말이다. 그는 그 학교에서 주는 이유식을 먹지 않았다. 그의 말을 빌려 보자. "나는 당신의 송아지 한 마리와 마찬가지로 문법에 대하여 아무것도 모릅니다." 그러나 그는 서부(西部)라는 위대한 대학교에 다녔고, 그곳에서 일찍이 좋아한 '자유'라는 과목을 부지런히 공부하였다. 여러분도 다 알다시피 그곳에서 그는 많은 학위를 받은 뒤 마침내 캔자스 주에서 인문학을 널리 실천하기 시작하였다. 그러한 것이 바로 그의 '인문학'이었을 뿐 어떤 문법을 공부한 것은 아니었다. 그는 그리스 어 발음은 틀린 채로 그냥 내버려 두었지만 도덕적으로 타락하는 인간은 바로잡았던 것이다. -
「존 브라운을 위한 변호」

이 글에서 소로가 말하는 '그'란 다름 아닌 미국의 노예 해방론자 존 브라운(1800~1859년)을 가리킨다. 그는 흑인 폭동을 일으키려고 버지니아 주 하퍼스 페리에 있는 정부 무기고를 습격한 뒤 체포되어 감옥 생활을 하고 마침내 사형을 당하였다. 노예 해방론에 깊은 관심을 보인 소로는 1857년에 콩코드에서 브라운을 직접 만났고, 하퍼스 페리 무기고 습격 사건이 일어난 뒤에는 그에 관한 강연을 하고 글을 두 편이나 남겼다.

19세기의 미국 소설가 허먼 멜빌은 청년 시절 고래잡이를 하던 드넓은 바다를 두고 "나의 하버드요 예일."이라고 불렀다. 일찍이 드넓은 바다에서 고래잡이를 하던 그에게 바다야말로 그의 스승과 다름없었다. 그러나 소로는 브라운에게는 대양이 아니라 드넓은 서부가 그의 하버드 대학교요 예일 대학교였다. 제도 교육을 받을 수 없던 그는 이 황량한 서부에서 살면서 삶에 필요한 교육을 받았다. 소로는 브라운이 남달리 흑인 노예 해방에 깊이 몰두할 수 있었던 것도 서부의 대자연 속에서 교육을 받았기 때문이었다고 말한다. 만약 그가 하버드 같은 학교에서 제도 교육을 받았더라면 아마 그토록 용기 있게 행동하지 못하였을 것이라고 넌지시 밝히고 있다.

오늘날 철학 교수들은 있지만 철학자들은 없다. 그러나 한때 삶을 영위하는 것이 보람 있는 일이었기에 대학 강단에 서는 것은 보람 있는 일이다. 철학자가 된다는 것은 단순히 심오한 사색을 한다거나 어떤 학파를 세우는 일이 아니라, 지혜의 가르침에 따라 소박하고 독립적이며 너그럽고 믿음직한 삶을 살아갈 수 있도록 지혜를 사랑한다는 것을 뜻한다. 그것은 삶의 문제 중 어떤 것을 이론적으로뿐만 아니라 실제적으로도 해결한다는 것을 뜻한다. 위대한 학자들과 사상가들의 성공은 일반적으로 제왕답다거나 남자다운 성공이 아니라 신하 같은 성공이다. 자기 조상이 그리하였던 것처럼 실질적으로 그저 타협하면서 그럭저럭 살아가고 있으며, 어떤 의미로도 고귀한 인류의 원조는 아니다. 그런데 왜 사람은 몰락하는 것일까? 왜 가문들이 끝장을 맞게 되는 것일까? 여러 민족을 무기력하게 만들고 멸망시키는 사치의 본질은 무엇인가? 우리 삶에는 그것이 없다고 단언할 수 있을까? 철학자는 삶의 외적인 모습에서도 시대를 앞서간다. 그는 동시대에 살고 있는 다른 사람들처럼 의식주를 해결하고 몸을 덥히지 않는다. 철학자라면 다른 사람들보다 좀 더 나은 방법으로 생명의 열기를 유지하여야 하지 않을까? ─『월든』,「숲 생활의 경제」

 소로는 지식과 지혜를 구분 짓듯이 철학 교수와 철학자를 구분 짓는다. 철학 교수가 단순히 지식을 전수하는 사람이라면 철학자는 글자 그대로 지혜를 사랑하는 사람이다. 실제로 소로는 철학의 본뜻에 대하여 설명하고 있다. 철학을 뜻하는 영어 '필로소피'는 학문을 사랑한다는 뜻의 그리스 어에서 갈라져 나왔다. 그리하여 한때 일본에서 이 말을 '애지학(愛知學)'이라고 번역하여 사용하기도 하였다. 두말할 나위가 없이 소로는 철학 교수보다는 철학자를 더 높이 평가한다. 철학을 학문적으로 연구하였건 연구하지 않았건 삶을 깊이 통찰하는 사람은 누구나 다 철학자가 될 수 있다.

어느 나그네가 한 소년에게 자기 앞에 있는 늪의 밑바닥이 단단한지 물어보았다는 이야기를 읽은 적이 있다. 소년은 그에게 밑바닥이 단단하다고 대답하였다. 나그네가 그 말을 듣고 앞으로 나아갔더니 그가 탄 말의 복대 끈까지 늪에 잠겼다. 나그네는 그 소년에게 "이 늪의 밑바닥이 단단하다고 하지 않았느냐?"라고 물었다. 그러자 소년은 "밑바닥은 정말 단단해요. 하지만 아저씨는 아직 그 절반도 들어가지 못했어요."라고 대답하였다는 것이다. 사회의 늪과 유사(流砂)도 마찬가지다. 그것을 아는 사람이라면 철이 난 소년이다. 어떤 생각이나 말 또는 행동의 핵심에 닿는 것은 아주 드물고, 우연한 경우에만 옳다. 나는 단지 외와 회벽에 지나지 않는 것에 못을 박는 어리석은 짓은 하고 싶지 않다. 그러한 짓을 하면 밤에 잠이 오지 않을 것이다. 나에게 망치를 주고 초벽(初壁)을 더듬어볼 수 있도록 해 달라. 접합체에만 의존해서는 안 된다. 못을 정면으로 때려 박고 그 끝을 성심껏 구부려서 밤중에 문득 잠에서 깨더라도 자기가 한 일에 대하여 만족스럽게 되돌아볼 수 있도록 하라. 뮤즈를 불러도 부끄럽지 않을 그러한 일말이다. 그러한 일에, 오로지 그러한 일에 신은 당신을 도울 것이다. 당신이 맡아서 한 일에서는 못 하나하나가 우주라는 기계의 구조를 단단하게 조여 매는 대갈못이 되도록 하라. ―『월든』,「결론」

　세상 물정을 헤아리는 데에는 나그네보다도 오히려 소년이 한 수 위이다. 나그네는 오직 늪의 밑바닥이 단단한가 그러하지 않은가에만 관심을 기울이고 있다. 말이 지나가는 데 중요한 것은 물의 깊이라는 사실을 까맣게 모르고 있는 것이다. 나그네와 비교해 볼 때 소년은 비록 나이는 어리지만 철이 났다고 할 수 있다. 소로가 이 에피소드를 통하여 말하려고 하는 것은 바로 사회의 늪이다. 그는 사회의 늪이 얼마나 깊은지 헤아리지 않은 채 늪을 건너려고 하는 사람이 참으로 많다고 개탄한다.

　당신 내부에 있는 강과 대양을 탐험하는 멍고 파크, 루이스와 클라크, 또는 프로비셔 같은 사람이 되도록 하라. 당신 자신의 좀 더 높은 위도를 탐험하도록 하라. 필요하다면 식량으로 고기 통조림을 배에 가득 싣고 가도록 하며, 속이 텅 빈 깡통은 신호용으로 하늘 높이 쌓아 올려도 좋다. 통조림이 다만 고기를 보존하기 위하여 발명된 것이란 말인가? 아니, 당신 내부에 있는 모든 신대륙과 신세계를 발견하는 크리스토퍼 콜럼버스 같은 사람이 되도록 하라. 그리하여 무역을 위해서가 아니라 사상을 위해서 새로운 항로를 개척하라. 각자는 한 왕국의 주인이며 그것에 비하면 러시아 황제의 대제국은 한낱 보잘것없는 작은 나라, 빙산의 일각에 지나지 않는다. 그러나 자기 자신에 대하여 아무런 존경심을 갖지 않는 몇 사람은 애국자가 되어 작은 것을 위하여 큰 것을 희생시키기도 한다. 그들은 자신의 무덤이 될 땅은 사랑하지만 지금 당장 자신의 흙덩어리 같은 육신에 활력을 줄 정신에 대해서는 아무런 공감을 느끼지 못한다. 이러한 사람들에게 애국심은 그들의 머리를 파먹고 있는 구더기에 지나지 않는다. 어마어마한 퍼레이드 행사를 벌이고 엄청난 비용을 들여가며 떠나보낸 저 남양 탐험대가 의미하는 바는 과연 무엇인가? 그것은 정신세계에도 대륙과 대양이 있으며 각 개인은 여기에 연결된 지협(地峽)이며 작은 만(灣)이지만 아직 자신이 탐색하지 않고 있다는 사실, 그리고 개인의 바다, 즉 각자의 내부에 들어 있는 대서양과 태평양을 홀로 탐험하는 것보다는 정부의 선박에 500명의 대원들을 태워 추위와 폭풍우와 식인종과 싸우며 수천 킬로미터 떠나보내는 쪽이 더 쉽다는 사실을 간접적으로나마 시인하는 것이 아니고 무엇이겠는가. ─『월든』,「결론」

   여기에서 소로가 언급하고 있는 멍고 파크, 메리웨더 루이스와 윌리엄 클라크, 그리고 마틴 프로비셔는 각각 서아프리카의 니제르 강, 북아메리카 대륙의 서북 항로를 개척한 탐험가들이다. 이 가운데에서도 크리스토퍼 콜럼버스는 두말할 나위 없이 1492년에 신대륙을 '발견'한 스페인 탐험가이다. 그런데 크리스토퍼 콜럼버스가 아메리카 대륙을 '처음 발견'하였다는 진술은 한때는 움직일 수 없는 역사적 사실이었지만 최근 들어 도전을 받고 있다. 신대륙에 오랫동안 살아온 인디언의 입장에서 보면 '발견'이라는 표현은 말도 되지 않는다. 오히려 '침략'이라고 하여야 더 옳을 것이다. 또한 크리스토퍼 콜럼버스가 신대륙에 발을 디디기 훨씬 전에 중국 사람들이 먼저 그곳에 도착하였다는 주장도 점차 설득력을 얻고 있다. 어찌 되었든 서구인들의 의식에 크리스토퍼 콜럼버스는 새로운 땅을 개척한 위대한 탐험가임에 틀림없다. 소로도 이 점에 대해서는 의심하지 않는다.

그러나 소로는 사람들에게 신대륙을 처음 발견한 그러한 크리스토퍼 콜럼버스가 아니라 어디까지나 "영혼의 크리스토퍼 콜럼버스"가 되라고 말한다. 그가 말하는 대륙은 태평양과 대서양 사이에 펼쳐 있는 드넓은 대륙이 아니라 우리의 "내부에 있는 모든 신대륙과 신세계"다. 우리의 영혼은 아프리카 오지처럼 미개척지로 그대로 남겨놓은 채 눈에 보이는 지리만 탐험하는 것은 별다른 의미가 없기 때문이다. 아무리 보잘것없어 보이는 사람도 하나같이 자신이 탐험하고 건설한 "왕국의 주인"이다. 이러한 영혼의 왕국과 견주면 러시아 제국은 빙산에 지나지 않는다는 것이다.

시인이라고 불리는 사람들에는 두 부류가 있다. 한 부류는 삶을 장려하고, 다른 부류는 예술을 장려한다. 한 부류는 영양가 있는 음식을 찾고, 다른 부류는 맛있는 음식을 찾는다. 한 부류는 '허기를 채워 주는 반면, 다른 부류는 미각을 충족시켜 준다. 글에도 두 가지 부류가 있는데 둘 다 훌륭하고 보기 드물다. 한 부류의 글은 천재의 글이거나 영감을 받은 사람의 글이다. 한편 다른 부류의 글은 영감이 잠깐 휴식을 취하는 사이에 씌어진 것으로 지성과 취향의 글이다. 전자는 비판을 넘어서는 글로 언제나 옳고 비평을 잠재운다. 그것은 영원히 삶과 함께 진동하고 고동친다. 그러한 글은 자연에 관한 저술을 연구하듯 존경심을 가지고 읽어야 한다. 이러한 글에는 일관된 문체의 예를 좀처럼 찾아볼 수 없다. 누구나 말을 하지만 말한 뒤에 한 말을 염두에 두지 않는 것과 같다. 그러한 문체에서는 저자와 개인적 관계가 이루어지지 않는다. 우리는 그의 말을 입술에 담는 것이 아니라, 그의 의미를 우리의 마음속에 간직한다. 그것은 영감의 시냇물로 여기저기에서 이 사람 저 사람에서 거품처럼 솟아오른다. 이러한 글은 윌리엄 셰익스피어며 알페오스, 로버트 번스, 아레투사한테서 찾아볼 수 있다. 한편 다른 부류의 글은 침착하고 현명하다. 천재성을 존경하고 있으며 영감을 몹시 부러워한다. 이러한 부류의 글은 온갖 능력을 가장 완벽하게 구사하는 데에서 생겨난다. 마치 사막에서와 같은 자세로 머무르며, 그 안의 대상은 모래 지평선의 오아시스나 야자나무처럼 뚜렷하다. 일련의 생각이 대상(隊商)처럼 차분하고 정연하게 움직인다. 그러나 펜은 오직 손에 쥐어진 도구일 뿐 좀 더 긴 팔처럼 생기에 넘치지 않는다. 그것은 모든 작품 위에 얇게 광택이나 윤이 나게 한다. 요한 볼프강 폰 괴테의 작품은 후자를 보여 주는 더할 나위 없이 좋은 예가 된다. —『콩코드 강과 메리맥 강에서 보낸 일주일』

소로는 이 두 부류의 시인이나 글이 모두 훌륭하고 보기 드물다고 말하고 있지만 어느 한쪽에 무게를 싣는다. 이 두 부류의 시인과 글 중에서 아무래도 그는 후자보다는 전자를 더 좋아하는 것 같다. 평소 그는 '예술을 위한 예술' 쪽보다는 '삶을 위한 예술' 쪽에 손을 들어주기 때문이다. 그에게 삶을 떠난 예술은 이렇다 할 만한 가치가 없다. 그것은 소로 자신의 글만 보아도 잘 알 수 있다. 그의 글은 미각을 충족시켜 주는 글이 아니라 허기를 채워 주는 글이요, 구미에 맞는 맛을 생각하는 글이 아니라 몸에 좋은 영양가를 먼저 따지는 글이다.

야생의 어린아이를 만날 때 으레 그러하듯 우리는 야생 사과나무 한 그루를 볼 때마다 기대감에 부풀어 오른다. 어쩌면 그 나무는 변장하고 있는 왕자일는지도 모른다. 인간에게 그 나무가 주는 교훈은 과연 무엇일까? 인간은 가장 높은 기준으로 잴 수 있는 존재다. 그 스스로 천상의 과일을 시사하며 또한 그러한 과일을 맺기를 갈망하지만 야생 사과나무와 마찬가지로 운명이라는 이름을 가진 황소한테 뜯어 먹히고 있다.

오직 가장 끈질기고 강인한 천재들만이 여린 가지 하나를 하늘을 향하여 내뻗는다. 그리고는 자신이 맺은 완전무결한 과일을, 감사할 줄 모르는 땅 위에 떨어뜨려 주는 것이다. 시인이나 철학자나 정치가는 야생 사과나무처럼 들판에서 싹 터 창의력 없는 군중들이 모두 죽은 뒤에도 그 생명을 다한다.

　지식을 추구하는 것도 언제나 그러하다. 천상의 과일, 즉 헤스페리데스의 황금 사과는 한순간도 잠을 자지 않는 수백 개 머리가 달린 용이 지키고 있다. 그러므로 그 사과를 따기 위해서는 헤라클레스 같은 노력이 필요하다. ―「야생 사과」

　그리스 신화에 보면 오세아누스 강 서쪽 아틀라스 산 너머에 정원이 하나 있다. 이 정원에는 황금 사과가 열리는 나무 한 그루가 있는데 헤스페리데스라는 요정들이 한순간도 잠을 자지 않는 용의 도움을 받아 이 사과나무를 지키고 있다. 헤라클레스는 이 사과를 따려고 온갖 노력을 아끼지 않는다. 소로는 우리가 참다운 지식을 얻으려고 하는 것도 헤라클레스처럼 온갖 위협을 무릅쓰고 황금 사과를 따려고 하는 것과 같다고 말한다.

격언에도 있듯이, 어둠을 칼로 자를 수 있을 만큼 칠흑처럼 캄캄한 밤에는 마을의 한길에서도 많은 사람이 길을 잃는다는 이야기를 들었다. 교외에 사는 사람들이 마차를 타고 읍내에 물건을 사러 왔다가 하룻밤을 묵어야 하는 적도 있으며, 친지를 방문하러 가던 신사 숙녀가 인도를 더듬으며 가다가 언제 옆길로 들어선지도 모르고 1킬로미터나 길을 벗어난 적도 있었다고 들었다. 어느 때고 숲속에서 길을 잃는다는 것은 놀랍고 기억에 남을 만한 경험일 뿐만 아니라 또한 소중한 경험이기도 하다. 심지어 대낮에도 간혹 눈보라에 갇힌 채 낯익은 길에서도 어떠한 방향으로 가야 마을에 도착할는지 알수 없을 때가 있다. 비록 수천 번이나 이 길을 걸었지만 그 길에서 한 가지 단서도 찾아낼 수 없고, 그 길이 마치 시베리아의 길인 것처럼 낯설게만 느껴진다. 물론 밤이라면 그 당혹스러움은 이보다 훨씬 더 클 것이다. 가장 사소한 길을 걸을 때조차 비록 무의식적일망정 우리는 끊임없이 수로 안내인처럼 어떤 잘 알려진 등대나 해안의 갑(岬)을 표지 삼아 배를 조종한다. 만약 우리가 일상의 항로를 벗어나는 경우 근처에 있는 어떤 갑의 위치를 늘 염두에 두고 있다. 그리하여 완전히 길을 잃어버리거나 한 바퀴 빙 둘러 돌아가기 전까지는(우리가 세상에서 길을 잃으려면 눈을 감은 채 한 바퀴 빙 돌기만 하면 된다.) 우리는 대자연의 광활함과 기이함을 깨닫지 못한다. 잠에서 깨어나든 망상에서 깨어나든 누구나 눈을 뜰 때마다 자주 나침반의 위치를 눈여겨보아야 한다. 우리가 길을 잃고 나서야 비로소 우리는 자신을 발견하고 지금 우리가 어디에 있는지 그리고 우리의 관계가 무한히 넓다는 사실을 깨닫기 시작하는 것이다. ─『월든』,「마을」

기독교 신학에서는 아담과 하와가 죄를 짓고 에덴동산에서 쫓겨난 것을 두고 '펠릭스 쿨파(felix culpa)'라고 부른다. 비록 죄를 지었을망정 지상에서 행복한 삶을 살 수 있기 때문이라는 것이다. '행복한 죄' 또는 '다행스러운 죄'라고 옮길 수 있는 이 말은 일반 지식에도 마찬가지로 해당할 듯하다. 죄를 지었기 때문에 남의 죄를 동정하고 좀 더 잘 이해할 수 있다. 언뜻 모순적인 말처럼 들릴지 모르지만 소로는 이 세상에서 길을 잃고 헤맬 때 비로소 우리 자신을 발견할 수 있다고 말한다.

'일반 교양 교육'이란 말은 본디 자유민에게 어울리는 교육을 뜻하였다. 포괄적이고 진정한 의미에서 교육은 바로 일반 교양 교육이다. 그러나 흔히 말하는 교육, 즉 사람들이 생계를 꾸려 가기 위하여 또는 특정한 일에 적응하기 위하여 고안된 상업과 직업과 관련한 지식은 '노예의 교육'이다. ―『저널』

소로는 대학교에서 흔히 가르치는 "일반 교양 교육"의 본뜻을 들어 이 무렵의 미국 대학교 교육을 비판한다. 그의 말대로 일반 교양 교육, 즉 "리버럴 에듀케이션"이란 원래 노예가 아닌 자유인을 위한 교육이었다. 중세기에 '트리비움'이라고 일컫는 논리학·문법학·수사학 3과목에 '콰드리비움'이라는 수학·천문학·음악·지리학의 4과목이 추가되어 이른바 '자유 7과'가 오늘날 일반 교양 교육의 모태가 되었다. 그런데 소로는 지나치게 실용적인 과목을 가르치는 교양 과목이 오늘날 자유인을 양성하기는커녕 오히려 노예를 만들고 있다고 지적한다.

나는 '유용한 지식을 전파하는 협회'가 있다는 말을 들은 적이 있다.("아는 것이 힘"이라니 등등 하고 말이다.) 이와 마찬가지로 나는 '유용한 무식'을 전파하는 협회가 필요하다고 생각한다. 우리가 이른바 지식이라고 뽐내는 대부분의 것은 우리가 무엇인가를 알고 있다고 하는 자만심인데 바로 이것이 우리한테서 실질적인 무식의 이점을 빼앗아 버린다. …… 인간의 무식은 때로 쓸모 있을 뿐만 아니라 아름답기도 하다. 한편 지식은 가끔 보기 흉할 뿐만 아니라 무익한 것 이상일 때가 있다.

중요한 것으로 말하자면, 자신의 무지를 의식하는 것보다 누구의 지식이 더 낫단 말인가? 이보다 더 신선하고 영감을 불어넣는 지식이 과연 무엇일까? —『저널』

흔히 근대 철학의 아버지로 일컬어지는 프랜시스 베이컨은 일찍이 "아는 것이 힘이다."라고 말하였다. 르네 데카르트와 더불어 그는 근대 과학이 발달하는 데 견인차 역할을 맡았다. "유용한 지식을 전파하는 협회"란 다름 아닌 영국 왕립 협회를 가리킨다. 영국에서 가장 오래되고 권위 있는 이 협회는 1662년에 찰스 2세의 명령으로 베이컨의 추종자들이 창립하였다. 실제로 이 협회는 유용한 지식을 널리 전파하는 것을 중요한 목표로 삼았다.

소로는 영국 왕립 협회가 내세운 "유용한 지식" 못지않게 "유용한 무식"을 높이 평가한다. 그에게는 무식도 지식처럼 쓸모가 있을 뿐만 아니라 더 나아가 지식이 지니고 있지 않은 속성을 지닌다. 지식은 때로 추한 모습을 드러내지만 무식은 때로 아름다운 자태를 보여 준다. 5

월의 훈풍처럼 신선하고 영감을 불어넣어 주는 지식, 그것이 바로 무식이라는 것이다.

아주 작은 포도주 한 방울이 포도주 잔 전체를 붉게 물들이듯 아주 작은 진리가 우리의 삶 전체에 영향을 끼친다. 진리란 결코 혼자 떨어져 나가나 주식(株式)에 돈이 불어나듯 불어나지도 않는다. 참다운 발전이 이루어질 때 우리는 전에 알고 있었다고 생각한 것을 버리고 다시 새롭게 배운다. 한 줄로 늘어선 수백 개의 돌을 하나하나 들어 올려 바구니 속에 담는 사람처럼, 우리는 진리의 파편을 집어 들어 나란히 옆에 놓는다. ―『저널』

진리는 신의 계시처럼 갑자기 오듯이 통째로 큰 덩어리로 오지도 않는다. 마치 꿀벌이 이 꽃 저 꽃에서 조금씩 꿀을 모으듯이 진리도 아주 조금씩 얻는다. 그러나 소로는 비록 아주 작은 진리라도 우리의 삶 전체에 큰 영향을 미친다고 말한다.

예술

내 저널은 추수가 끝난 뒤 이삭을 줍는 것과 같다. 저널을 쓰지 않았더라면 들에 남아서 썩고 말았을 것들이다. 먹기 위하여 살 듯 저널을 쓰기 위하여 산다면 환영할 만한 삶은 아닐 것이다. 내가 매일 저널을 쓰는 까닭은 신들을 위해서이다. 저널은 우편 요금 선불로 내가 신들에게 날마다 한 장씩 보내는 편지다. 나는 신들의 회계 사무소에서 일하는 회계원이다. 밤마다 일일 장부에서 원부(原簿)로 그날의 계산을 옮겨 적는다. 저널은 머리 위에 매달려 있는 길가의 나뭇잎이기도 하다. 가지를 붙잡아 잎사귀 위에 내 기도를 적어 놓는다. 그러고 나서 그 가지를 놓아 준다. 가지는 제자리로 돌아가 잎에 적힌 낙서를 하늘에게 보여 준다. 저널을 내 책상 안에 고이 간직해 두지 않았더라면 나뭇잎과 마찬가지로 만인(萬人)의 것이 될 수도 있다. 저널은 강변에서는 파피루스 같고, 초원에서는 푸른 서판 같으며, 언덕에서는 양피지 같다. 가을날 길을 따라 떼 지어 손을 흔드는 잎사귀들처럼 어디에서나 값없이 얻을 수 있다. 까마귀나 오리, 독수리가 펜에 꽂을 깃촉을 물어다 준다. 바람은 발길이 닿는 곳이라면 어디에서나 잎을 흔들어 댄다. 상상력의 나래가 펼쳐지지 않을 때에는 흙탕과 진흙 속을 더듬어 갈대로 글을 적는다. ―『저널』

소로는 1937년 10월 22일부터 45세로 요절하기 1년 전인 1861년 11월 3일까지 거의 매일 저널을 기록하였다. 그가 이렇게 적은 저널의 양이 공책으로 무려 39권에 이른다. 1940년 7월에 적은 한 저널에서 그는 "하루의 조수(潮水)여, 파도가 해변에 모래와 조개를 남기듯이 이 일기장 위에 퇴적물을 남겨다오. 그리하여 나의 육지를 키워다오."라고 썼다. 그의 말대로 이 저널은 그의 "영혼의 물살이 오고 간 달력"이라고 할 수 있다.

위에 인용한 글에서는 소로가 왜 거의 평생에 걸쳐 저널을 기록하였는지 그 이유가 좀 더 분명히 드러나 있다. 그는 저널을 추수가 끝난 뒤 이삭줍기에 빗대고 있지만 저널은 이삭줍기보다 훨씬 큰 의미를 지닌다. 소로는 앞으로 쓰게 될 모든 저작의 씨앗을 이 저널에서 찾았다. 말하자면 저널은 저작의 씨앗을 보관해 두는 창고라고 할 수 있다.『월든』은 말할 것도 없고 그의 모든 글은 이미 이 저널 속에 들어 있다. 소로가 이 저널에 보관해 둔 씨앗이 뒷날 싹을 트고 자라서『월든』이 되고『시민 불복종』이 되었다.

훌륭한 문장은 어쩌다 우연하게 쓰이지 않는다. 글에는 어떠한 속임수도 용납되지 않는다. 어떤 사람이 쓴 가장 훌륭한 작품은 그의 가장 훌륭한 인격을 나타낸다. 모든 문장은 오랜 시련에서 생겨난 결과다. 속표지에서 맨 마지막 장에 이르기까지 책 속에는 글쓴이의 인품이 속속 배어 있다. 그것은 글쓴이라도 고칠 수 없다. 글쓴이만의 특징이 담긴 육필을 읽기 위해서는 글을 읽을 때 장식적인 측면에 구애를 받아서는 안 된다. 우리의 다른 행위도 마찬가지다. 삶이란 행위 하나하나를 점점이 이은 선, 곧은 자(尺)로 줄을 그은 선이라고 할 수 있다. 얼마나 많은 도약을 하였느냐에 관계없이 그

선은 언제나 직선이다. 우리의 삶은 극히 사소한 일을 얼마나 잘하였는가에 따라 평가받는다. 삶은 이 사소한 일의 최종적인 손익 계산이다. 우리를 지켜보는 눈도 없고 상벌도 없는 평범한 나날 속에서 우리가 어떻게 먹고 마시고 잤으며 작은 시간을 어떻게 쪼개어 썼는가에 따라 앞으로 우리에게 주어질 권위와 능력이 결정되는 것이다. ―『저널』

 프랑스의 박물학자 뷔퐁은 "문체가 곧 사람이다."라고 말하였다. 글은 그것을 쓴 사람의 인품을 떠나서는 생각할 수 없다고 생각하는 점에서 소로도 뷔퐁과 다르지 않다. 그런데 소로는 이렇게 인품이 배어 있는 것은 글뿐만 아니라 다른 행동도 마찬가지라고 말한다. 글이 직선을 지향하듯이 인간의 행동도 하나같이 직선을 지향한다는 것이다.

 거죽에 금박을 입히고 광택을 낼 뿐 핵심에 이르지 못하는 예술 행위는 니스 칠과 금은 피막 세공에 빗댈 수 있다. 천재의 작품은 무엇보다도 거칠고 투박하다. 천재의 작품은 시간의 흐름을 예견하기 때문이다. 시간이 지나 표면이 너덜너덜해지면 작품의 깊은 품격이 드러난다. 그 아름다움이 곧 힘이다. 그것은 깨지면서 빛나고 갈라지면서 입방체의 다이아몬드가 된다. 다이아몬드처럼 빛을 내기 위해서는 갈라져야 한다. 그 표면은 내부의 빛에 이르는 창문이다. ―『저널』

 소로는 겉만 번지르르하고 실속이 없는 예술에 대해서는 이렇다 할 관심이 없다. 그의 이러한 예술관은 문명에 오염되지 않은 자연 그대로의 야생적인 문학을 좋아하는 것과 궤를 같이한다. 이류, 삼류 예술가의 작품은 몰라도 적어도 일류 예술가의 작품은 언제나 거칠고 투박하다고 밝힌다. 거칠고 투박할수록 그만큼 세월의 풍화 작용을 덜 받기 때문이다. 겉보기에 아름다운 세공품이 좀처럼 시간을 견뎌 내지 못하는 것과 같은 이치다.

어떤 시인은 조로(早老)하여 일찍 죽는다. 그의 열매는 딸기 같은 맛을 지녔지만 가을이나 겨울에는 구할 수 없다. 한편 어떤 시인은 성장하기까지 오랜 시간이 걸린다. 그의 열매는 그다지 맛은 없지만 오래 두고 먹을 수 있는 식량이다. 여름의 태양과 가을의 찬바람에 단련되어 겨울을 충분히 견뎌 낸다. 조로한 시인이 빨리 익지만 금방 시들어 버리는 6월의 과일이라고 한다면, 후자의 시인은 황갈색 사과로 이듬해 6월까지도 남는다. - 『저널』

소로는 훌륭한 예술이 흔히 거칠고 투박하듯이 예술사에 길이 남아 독자한테서 오랫동안 사랑을 받는 예술가는 대기만성의 예술가라고 생각한다. 시대를 잠깐 풍미하고 곧 잊히는 예술가보다는 오랜 세월을 두고 사랑을 받는 예술가가 더 훌륭할 것이다. 조로의 예술가와 대기만성의 예술가가 각각 봄 과일인 딸기와 가을 과일인 사과에 비유된 것이 흥미롭다. 딸기는 늦은 봄을 넘기기 어렵지만 사과는 겨울을 지나 그 이듬해 봄까지 먹을 수 있기 때문이다.

모든 사람의 말을 자신이 만든 규칙에 따라 재단하면서 문법과 문체, 부정사의 위치 등에 관하여 심한 논쟁을 벌이는 것을 볼 때가 있다. 그러할 때 나는 언어 표현에서 무엇보다도 가장 필요한 것은 짐승 소리나, 저도 모르는 사이에 터져 나오는 탄성처럼 생생하고 자연스러움이라는 사실을 논쟁자들이 잊고 있는 것이 아닌가 하는 생각이 든다. 모든 규칙 중에서 첫 번째가 모국어(母國語)이고, 가장 마지막 규칙이 인공어, 다시 말해서 부국어(父國語)이다. 가장 진실한 시적 문장은 본질적으로 어린양의 '매애' 하는 울음소리처럼 자유롭고 어느 것에도 얽매여 있지 않다. 자신은 웃지도 울지도 못하면서 인간의 감정을 정확히 표현하고 있다고 생각하는 문법학자를 보게 된다. 자세를 교정하는 교사는 이렇게 걸어야 한다고 말하지만 정말로 아름다운 걸음걸이는 그러한 식으로 만들어지지 않는다. ―『저널』

    소로에게 가장 이상적인 언어란 인공이 가미되지 않은 언어, 즉 자연스러운 언어이다. 어렸을 때 어머니의 무릎에서 자연스럽게 배운 모국어가 바로 그러한 언어이다. 소로가 말하는 "부국어"란 모국어와 반대되는 언어로 학교 같은 제도권에서 습득한 언어를 가리킨다. 많은 언어학자들은 남의 나랏말에서 빌려오거나 유래한 말보다는 그 나라에 고유한 토착어가 훨씬 구체적이고 감각적이며 시적이라고 지적한다. 소로의 글 곳곳에서 라틴 어나 그리스 어에서 파생된 언어보다는 앵글로색슨 토착어를 사용하려고 애쓴 흔적을 엿볼 수 있다.

후각은 시각보다 더 원시적이고 예언적이며 믿을 만하다. 내 자신의 글을 평가할 때, 나는 말하자면 냄새로 평가를 한다. 후각은 다른 감각이 감추는 것을 들추어낸다. 그 후각으로 나는 지상의 것을 찾아낸다. ―『저널』

인간의 다섯 감각 가운데에서도 가장 융숭한 대접을 받는 것은 바로 시각과 청각이다. 사람들은 흔히 눈으로 볼 수 있고 소리로 들을 수 있는 것만을 진리로 생각한다. 그러나 소로는 시각보다는 오히려 후각을 더 높이 친다. 시각이나 청각이 문명의 감각이라면 후각은 촉각과 함께 자연이나 원시의 감각이라고 할 수 있다. 소로는 심지어 글을 평가할 때에도 냄새로 평가한다고 말한다. 그것은 어찌 보면 향수를 눈으로 평가하거나 아름다운 그림을 귀로 평가하는 것과 같다. 그러나 소로에게 후각은 모든 감각 가운데에 가장 기본적이고 가장 정직하다. 주둥이로 냄새를 맡으며 땅을 파헤치는 돼지처럼 후각은 다른 감각이 감추어 놓은 것들을 파헤치기 때문이다.

만약 당신이 작가라면 주어진 시간이 얼마 남지 않았다는 각오로 글을 써야 한다. 이제 남아 있는 시간은 얼마 되지 않는다. 당신 영혼에 맡겨진 순간순간을 잘 활용하라. 영감(靈感)의 잔을 마지막 한 방울까지 마셔 비우도록 하라. 영감의 잔을 비우는 일에서 너무 지나치지 않을까 하고 두려워할 필요는 없다. 그렇게 하지 않으면 세월이 흐른 뒤 후회하게 될 것이다. 봄은 영원히 계속되지 않는다. 봄에는 비가 뿌리까지 스며들어 뿌리마저 젖는다. 가만히 있어도 힘이 솟아나 꽃봉오리로 터져 나온다. 그러나 이 풍요의 계절은 인생에서 아주 짧은 기간에 지나지 않는다. 다시 말해서 젊었을 때 당신의 창조주를 기억하라. 그를 기억할 수 없다면 당신의 삶에 자신을 맡기고 삶을 활용하라. 누이가 아래층에서 피아노를 치는 소리가 들린다. 한때 자주 듣던 노래들이 생각난다. 그때 나는 귀에는 들리지 않는 리듬에 사로잡혀 차디찬 방에 들어가 자신의 생각과 이야기를 나누곤 하였다. 그때 나는 신들이 주는 선물을 냉담하게 받아들였던 것 같다. 왜 그때 신들이 나에게 준 밭을 갈지 않았을까? 그 어떤 것도 시간의 행진을 멎게 할 수는 없는 것일까? 왜 나는 피스가 산의 꼭대기에 서 있을 때 왜 눈을 들어 가나안 땅을 보지 않았을까? 이제는 그 노래들을 듣기 어렵게 되었다. 시적인 내 기분도 오래 지속되지 않았다. 아침저녁으로 샘물처럼 솟아나던 내 생각 속의 노래로 다시 돌아가고 싶다. 그러나 이제 나는 다시는 그 노래의 물을 마실 수 없게 되었다. 그 물에 내 펜촉을 담그는 일조차 할 수 없게 되었다. 나는 그 물의 수맥을 찾을 수가 없다. 그 수맥을 찾는 일은 멋있지만 이제는 덧없는 일이 되어 버렸다. 오, 말로 표현할 수 없는 달콤한 추억이여! ―『저널』

 서양 속담에 "쇠가 뜨겁게 달구어졌을 때 내리쳐라."라는 것이 있다. "쇠뿔도 단김에 빼라."라는 우리 속담과 거의 같은 뜻이다. 쇠가 달구어졌을 때 내리쳐야 하는 것은 비단 대장장이에게만 그치지 않는다. 소로는 글을 쓰는 사람도 마찬가지라고 말한다. 예술적 영감이 흘러넘칠 때, 창조의 샘물이 말라 버리기 전에 글을 쓸 것을 권한다. 세월의 강물은 한 번 흘러가면 다시 돌아오지 않는다. 시간은 이렇게 일회적이기 때문에 작가는 더더욱 시간을 아껴 써야 한다. 피스가 산은 요단 강 동쪽에 있는 산으로 모세가 이 산의 꼭대기에서 약속의 땅 가나안을 바라보았다. 소로는 작가도 모세처럼 예술이라는 가나안 땅을 찾기를 원한다.

문학에서 우리의 관심을 끄는 것은 오직 야성적인 것뿐이다. 따분함이란 길들여진 것을 가리키는 또 다른 이름에 지나지 않는다. 우리를 즐겁게 해 주는 것은 「햄릿」과 「일리아드」며 학교에서 배우지 않은 모든 경전과 신화에 나타난 자유롭고도 야성적인 생각이다. 물오리가 집오리보다 더 빠르고 더 아름답듯 하늘에서 떨어지는 이슬을 맞으며 늪 위로 날개를 펴고 날아가는 길들여지지 않은 생각도 (물오리 말이다.) 더 빠르고 더 아름답다. 참으로 훌륭한 책은 자연스러운 것으로 마치 서부의 대평원이나 동부의 정글에서 발견한 야생화처럼 예상 밖으로 그리고 설명할 수 없을 만큼 아름답고 완벽하다. 천재란 어쩌면 지식의 전당 자체를 부수어 버릴는지 모르는 번갯불처럼 어둠을 드러나 보이게 하는 빛이다. 그것은 대낮의 빛 앞에서 빛을 잃어버리는, 인류의 난롯가에 켜 놓은 촛불이 아니다.

음유 시인의 시대에서 호반(湖畔) 시인 시대에 이르기까지(초서, 스펜

서, 밀턴, 심지어 셰익스피어를 포함하여) 영국 문학은 그렇게 신선한 생명, 이러한 의미에서 야생적인 생명을 불어넣지 못한다. 영국 문학은 본질적으로 그리스와 로마를 반영하는, 길들여진 문명의 문학이다. 이제 영국 문학의 야생지는 녹림(綠林)이고 야생인은 로빈 후드이다. 그런 대로 자연을 사랑한 사람은 많지만 자연 그 자체를 노래한 시인은 드물다. 영국 역사는 영국에서 야생 동물이 멸종한 때가 언제인지를 가르쳐 줄 뿐 야만인이 멸종한 때가 언제인지는 가르쳐 주지 않는다.

대자연을 표현하는 문학이 과연 어디에 있는가? 바람과 시냇물을 감동시켜 자신에게 유리하도록 말하게 만들 수 있는 사람, 봄에 농부가 겨울 서리 때문에 튀어 나온 말뚝을 내리 박듯 언어를 본래의 의미로 못 박을 수 있는 사람, 그것을 사용하는 것만큼 자주 언어의 유래를 찾아 뿌리에 흙이 매달린 채 자기 책장에 옮겨 놓을 수 있는 사람, 비록 서재 안에 곰팡이가 핀 책장 사이에 반쯤 질식 상태로 놓여 있다고 하더라도 자신의 언어가 너무나 참되고 신선하고 자연스러워서 새봄을 맞이한 꽃봉오리처럼 펼쳐지는 듯한, 아니, 성실한 독자들을 위하여 주위의 대자연과 일치하여 해마다 활짝 꽃을 피워 열매를 맺는 사람, 바로 그런 사람이야말로 시인이 될 수 있을 것이다. ―「산책」

미국 문학은 정치적으로 영국으로부터 독립을 한 뒤에도 문화적으로는 여전히 영국 문학에 예속되어 있었다. 그리하여 몇몇 미국 문인들과 지식인들은 "영국을 칼로 무찔렀으니 이제는 펜으로 무찌를 때가 되었다."라고 목소리를 높였다. 영국 문학의 굴레에서 벗어나 명실 공히 미국적 형식으로 미국적 경험을 다룬 참다운 미국의 토착 문학을 열렬히 기대하였다.

  소로는 미국 문학이 영국 문학과 다른 점을 야성에서 찾는다. 영국 문학이 옛 그리스와 로마 전통을 이어받고 있는 "문명의 문학"이라면, 미국 문학은 문명에 길들여지지 않은 "야성의 문학"이라는 것이다. 호반 시인이란 영국의 호반 지역에 살면서 시를 썼던 윌리엄 워즈워스와 새뮤얼 콜리지 같은 시인을 말한다. "녹림"이란 로빈 후드처럼 사회에서 추방당한 사람들이 모이는 숲을 가리킨다. 그러나 소로에게 영국 문학은 참다운 의미에서 자연을 다루고 있지 않다.

  소로에게 길들여졌다거나 세련되었다는 것은 미덕이 아니라 오히려 악이다. 그러한 곳에서는 어떠한 창조적인 것도 기대할 수 없기 때문이다. 소로는 "희망과 미래는 잔디밭과 경작한 들판이나 읍내와 도시에 있지 않고 발이 빠져 걸어 들어갈 수 없는 늪에 있다."라고 말한 적이 있다. 그것은 문학에서도 마찬가지다. 야성적인 것에 바로 문학의 희망과 미래가 있다고 그는 말한다. 소로가 호메로스의 「일리아드」와 셰익스피어의 「햄릿」, 동서양의 신화와 경전을 좋아하는 까닭도 바로 그 때문이다.

  마음속이 뜨겁게 달아오를 때 글을 써라. 농부가 소의 멍에에 구멍을 뚫으려면 화로에 달군 쇠로 재빨리 멍에로 쓸 나무를 지져야 한다. 일각(一刻)이라도 지체하면 쇠로 나무를 뚫기가 쉽지 않기 때문이다. 달궈진 쇠는 즉시 사용하지 않으면 아무 쓸모가 없게 되고 만다. 생각을 기록하는 일을 뒤로 미루는 작가는 식은 쇠로 명에에 구멍을 뚫는 사람과 같다. 그러한 작가는 독자의 마음을 뜨겁게 태울 수 없다. -『저널』

소로에게 천재적인 작품이란 난롯가의 희미한 촛불이 아니라 섬광을 발하는 번갯불이다. 모든 작가 가운데에서 소로만큼 글을 쓰는 데 직관을 중시하는 사람도 찾아보기 드물다. 불에 달군 시뻘건 쇠로 낙인을 찍듯이 글도 마음속이 뜨겁게 달아오를 때 써야 한다고 말한다. 소로가 날마다 일기를 쓴 것도 생각을 뒤로 미루지 않기 위해서이다. 생각하고 느낀 것을 즉시 기록하지 않고 뒤로 미루는 것은 마치 식은 쇠로 낙인을 찍는 것과 다르지 않다.

소로는 작가가 글을 쓰는 행위를 농사짓는 일에 자주 빗댄다. 가령 『콩코드 강과 메리맥 강에서 보낸 일주일』에서 "만약 작가가 펜 대신에 쟁기를 가지고 글을 쓴다면, 고랑을 깊이, 끝까지 곧게 판 것처럼 문장을 읽어야 한다."라고 말한다. 이 글에서도 소로는 글 쓰는 행위를 자연에 빗대어 설명한다. 참다운 시인이라면 자연의 언어를 구사하는 사람이다. 문학사에서 훌륭하다고 평가받는 작품들마저도 이 점에서는 실패하고 있다고 지적한다. 소로는 『저널』에서 "결국 가장 훌륭한 시인이란 오직 자연의 길들여지고 문명화된 쪽만을 보여 줄 뿐이다. 그들은 아직껏 어떤 산의 서쪽 편을 보여 준 적이 없다."라고 하였다.

우리는 읽을 책을 선별할 필요가 있다. 왜냐하면 책은 우리의 동반자이기 때문이다. …… 무엇보다도 먼저 가장 훌륭한 책을 읽어라. 그렇지 않으면 그것을 전혀 읽을 기회가 없을지도 모른다. ─『콩코드 강과 메리맥 강에서 보낸 일주일』

소로는 우리가 읽는 책을 친구에 빗댄다. 사귈 친구를 잘 골라야 하듯이 책을 고를 때에도 선별해서 골라야 한다고 말한다. 친구를 잘못 사귀어 그릇된 길로 갔다는 말을 자주 듣는다. 악서(惡書)라는 말도 있듯이 책을 잘못 선택하여 읽어 우리의 정신을 병들게 할 수도 있다. 책을 선택하는 것 못지않게 중요한 것이 어떤 책을 먼저 읽느냐 하는 것이다. 중국의 한 현인은 평생 동안 다섯 수레에 실을 만한 책을 읽을 것을 권하였다. 그런데 문제는 이 다섯 수레에 어떠한 책을 싣느냐에 있다. 소로는 "가장 훌륭한 책"을 먼저 읽으라고 말한다. 인생은 짧고 읽어야 할 책은 많기 때문이다. 다른 책에 눈을 팔다 보면 자칫 "가장 훌륭한 책"을 놓쳐 버리기 쉬울 것이다.

지난 한두 해 동안 내 출판업자는 때때로 나에게 편지를 보내어 아직 자신의 수중에 남아 있는 책『콩코드 강과 메리맥 강에서 보낸 일주일』을 어떻게 처리하여야 좋으냐고 물어오곤 하였다. 그러더니 마침내 그 책들을 보관하고 있는 지하실 방을 다른 용도로 사용하여야 한다고 편지를 보내왔다. 나는 그 책을 모두 나에게 보내 달라고 답장을 썼다. 그랬더니 오늘 속달로 그 책들이 왔다. 짐마차 하나를 가득 채웠다. 4년 전에 나는 먼로 씨의 돈을 빌려 그 책 중 1000권을 샀다. 그 뒤 빚을 조금 갚았지만 아직도 빚이 남아 있다. 그 1000권 중에 706권이 마침내 나에게 돌아온 것이다. 나는 내가 구입한 물건의 질을 시험해 볼 기회가 생겼다. 그 책들은 듣기보다는 더 알찼다. 내 등이 그 사실을 증언하였다. 그 책들을 등에 지고 두 개나 되는 층계참을 오르내리며 날랐다. 그 책들의 고향이라고 할 장소로 말이다. 1000권 중 되돌아온 706권을 빼고 나면 294권이 남는다. 그중 76권은 기증본으로 나갔고, 나머지 219권이 팔렸다. 나는 지금 900여 권의 책을 소장하고 있는데 그 중에서 700권이 넘는 책은 내가 쓴 책이다. 저자가 자신의 노고의 결과를 바라본다는 것은 얼마나 좋은 일인가? 지금 내 작품이 방 한구석에 내 키 높이로 쌓여 있다. 내 전집이다. 이러한 것이 저술업이라는 것이다. 이것들은 내 두뇌에서 나온 작품이다. ─『저널』

소로가 쓴 많은 글 가운데에서도 이 글처럼 자조적(自嘲的)인 글을 찾아보기도 그렇게 쉽지 않다. 지금도 크게 달라지지는 않았지만 소로가 활약하던 19세기 중엽에는 소로의 책이나 호손의 소설처럼 생각하면서 읽어야 하는 책은 잘 팔리지 않았다. 주로 여성 작가들이 쓴 통속 소설이 불티나게 팔렸다. 그리하여 호손은 "빌어먹을 글 나부랭이나 끼적거리는 여편네들"이라고 불편한 심기를 드러내기도 하였다.

소로는 호손처럼 드러내놓고 말하고 있지는 않지만 이 무렵의 출판 관행과 독자들의 취향에 은근히 불만을 토로하고 있다. 소로는 자비를 들여 첫 저서인 『콩코드 강과 메리맥 강에서 보낸 일주일』을 1000권 출간하였다. 친구들에게 기증하고 독자에게 판매한 것을 빼고 나머지 700여 권을 출판사로부터 넘겨받아 다락방 속에 처박아 놓았다. 그러면서 "나는 지금 900여 권의 책을 소장하고 있는데 그중에서 700권이 넘는 책은 내가 쓴 책이다."라고 자조 섞인 말투로 밝힌다. 이 글을 쓰고 있는 소로의 얼굴에서 쓰디쓴 미소를 읽기란 그렇게 어렵지 않다.

나는 지금껏 소설책을 한 권도 읽은 적이 없다. 소설은 실제 삶과 사상을 거의 담고 있지 않기 때문이다. 내가 가장 좋아하는 독서는 여러 나라의 경전이다. 우연히도 나는 힌두교의 경전과 중국의 경전, 페르시아의 경전을 내가 가장 마지막으로 접한 헤브루 경전보다도 더 잘 알고 있다. 나에게 이 경전 가운데 하나를 주면, 나는 얼마 동안 잠자코 조용히 있을 것이다. ─『콩코드 강과 메리맥 강에서 보낸 일주일』

소로는 편식(偏食)을 하듯 문학 장르 가운데에서 유독 어느 한 장르만을 좋아하였다. 그가 가장 좋아하는 문학 장르는 역시 시이고, 그가 가장 싫어하는 문학 장르는 소설이다. 이렇게 소설을 읽지 않은 것은 이 장르가 "실제 삶과 사상을 거의 담고 있지 않기 때문"이라는 것이다. 이 무렵 소설이 허무맹랑한 이야기를 다루고 있다고 생각한 지식인들이 적지 않았다.

대학교까지 졸업한 소로가 소설을 한 권도 읽지 않았다는 것은 사실이 아닐 것이다. 모르긴 몰라도 과장하여 말한 혐의가 짙다. 그가 활약한 19세기 중엽은 너대니얼 호손이나 허먼 멜빌 또는 에드거 앨런 포 같은 소설가들이 눈부신 활약을 하던 시기다. 소로가 이렇게 소설을 하찮게 여긴 것은 동양의 경전들을 선호하였기 때문이다. 심지어 기독교 경전인 성경보다도 동양의 경전들에 대하여 더 잘 알고 있다고 밝히고 있다. 또 다른 글에서 소로는 "동양의 철학과 비교해 볼 때 현대 유럽은 아무것도 낳은 것이 없다고 할 수 있다. 「바가바드기타」의 그 광활한 우주의 철학과 비교해 보면 심지어 우리의 셰익스피어는 때로 미숙하고 다만 실용적인 것으로 보일 따름이다."라고 말한다.

미국에 찾아오는 유럽 인들은 이곳의 단풍 빛깔을 보고 놀라움을 금치 못한다. 영국에서는 가을에 나무들이 기껏해야 몇 가지 빛깔밖에는 띠지 못하기 때문에 영국 시에는 그러한 현상을 묘사한 작품이 없다. 스코틀랜드의 자연 시인 톰슨이 「가을」에서 단풍에 대하여 이렇게 묘사하였다.

하지만 시들어 가는 저 온갖 색깔을 보라.
시골마다 짙어 가는
저 색깔들을.

잎사귀들은

어둑어둑한 색에서 땅거미 색깔,

또 창백한 초록색에서

검댕이 같은 어두운 색까지 각양각색이구나.

이 시 말고 그는 "노란 숲 위로 빛나는 가을"이라고 짧게 표현한 시구가 있을 뿐이다. 그러나 단풍은 아직 미국 문학에도 특별히 깊은 인상을 남기고 있지 못하다. 그 때문에 이 나라의 시는 아직도 10월의 빛깔에 물들어 있지 않은 셈이다. ―「가을의 빛깔」

소로는 미국이 세계 어느 나라에서도 볼 수 없을 만큼 아름다운 단풍을 지니고 있는데도 시인들이 아직껏 단풍을 노래하고 있지 않다고 안타깝게 생각한다. 실제로 소로가 살던 19세기 중엽만 하여도 미국의 아름다운 자연을 노래한 시인들이 그렇게 많지 않았다. 비록 미국의 자연을 노래하면서도 운율 같은 형식은 유럽의 것을 그대로 쓰고 있었다. 그러나 미국 시는 19세기 말엽부터 새로운 전환점을 맞이한다. 로버트 프로스트를 비롯한 시인이 등장하여 미국의 자연을 마음껏 노래하기 시작하였다.

종교

예수 그리스도는 이 세계라는 무대에서 숭고한 배우였다. "하늘과 땅은 사라질 것이지만 내 말은 사라지지 않을 것이다."라고 말하였을 때, 그는 염두에 두고 있는 생각이 무엇인지 잘 알고 있었다. 그럴 때 나는 그에게 가까이 다가간다. 그러나 그는 인류에게 살아가는 방법을 잘 가르쳐 주지 못하였다. 그의 생각은 모두 내세(來世) 쪽으로만 기울어져 있다. 그가 말하는 성공과는 다른 종류의 성공이 있다. 심지어 현세(現世)에서도 우리는 영위하여야 할 종류의 삶이 있고, 조금 더 오랫동안 그것과 고투하여야 한다. 아직 해결하여야 할 어려운 문제가 많이 남아 있고, 영혼과 물질 사이에서 우리가 영위할 수 있는 그런 삶을 꾸려 나가야 한다. ─『콩코드 강과 메리맥 강에서 보낸 일주일』

 소로의 종교관은 종교적 자유를 찾아 신대륙에 건너온 청교도들과는 여러모로 차이가 난다. 그에게 기독교란 문명 사회의 또 다른 제도일 따름이다. 예수에 대하여 그는 "인류에게 살아가는 방법을 잘 가르쳐 주지 못하였다."라고 날카롭게 지적한다. 요단 강 건너 쪽의 내세 못지않게 요단 강 이쪽의 현세가 중요하다고 생각한다. 그리하여 정통 교리의 입장에서 보면 소로의 말은 때로 이단적인 것처럼 보인다.

 소로의 임종을 지켜보던 한 친척 할머니가 그에게 "이제 신과 화해하였느냐?"라고 묻자, 그는 한 번도 신과 싸운 적이 없다고 대답하였다고 전해진다. 어찌 보면 처음부터 그에게는 제도화된 기독교는 이렇다 할 만한 의미를 지니고 있지 않은 것 같다. 『월든』에서도 사람들이 "영원히 신을 찬미하고 신으로부터 기쁨을 얻는 것"이 삶의 목표라고 성급하게 결론을 내리는 것에 대하여 안타깝게 생각한다.

믿음이 적은 사람은 저승에서 받을 상과 벌을 구하고 그 상벌에 따라 행동한다. 이승에 절망한 탓이다. 이와는 반대로 믿음이 신실한 사람은 현재를 가치 있는 기회이자 귀중한 활동 무대로 여긴다. 그리하여 현재 일에 헌신하면서 자신에게 공감할 사람들을 구한다. 저승의 존재는 믿지만 이승을 믿지 않는 사람은 자주 기독교 신앙으로 나를 논박하려고 든다. 그는 우리가 말하고 있는 지금 이 순간은 다음에 올 세계보다 값어치가 적다고 본다. 그리하여 현실 속에 없으면 없을수록 더욱더 큰 소망을 품게 된다고 생각한다. 그리고 모든 것이 다가올 미래의 소망에 지나지 않는다고 생각한다. 그러나 나는 우리가 살고 있는 지금 이 순간의 짧은 삶에서 얻는 극히 작은 깨달음이야말로 미래를 장식하기 위하여 공들여 만든 무수한 소망의 금박 못지않게 값어치가 있다고 생각한다. ─『저널』

흔히 믿음이 강한 사람은 현세나 이승보다는 내세나 저승에 소망을 두는 것으로 생각하기 쉽다. 실제로 기독교인들에게 내세의 구원보다 더 중요한 것은 없을 것이다. 비록 현세에서는 '눈물의 골짜기'에 살고 있을지라도 요단 강 너머에서 맞이할 지복(至福) 천년을 기다리는 기독교인이 적지 않다. 그러나 소로는 이러한 생각을 완전히 바꾸어 놓는다. 내세나 저승에서 받을 상벌을 구하고 그 상벌에 따라 행동하는 사람이야말로 오히려 믿음이 적은 사람이라고 말한다. 그러면서 참다운 신앙인이라면 현세나 이승을 소중하게 생각하여야 한다고 밝힌다. 소로는 내세나 저승에 지나치게 무게를 두는 나머지 현세나 이승을 가볍게 보는 사람들을 꾸짖는다.

이 구절을 읽고 있노라면 1970년대 라틴 아메리카를 중심으로 서구 세계를 폭풍처럼 한 바탕 휩쓸고 지나간 해방 신학을 떠올리게 된다. 가톨릭교회의 해방 신학자들은 내세의 구원 못지않게 현세의 구원이 중요하고 절실하다고 생각하였다. 그리하여 부당한 경제적 빈곤과 사회적·정치적 억압과 착취의 굴레로부터 민중을 해방시키는 데 온갖 노력을 아끼지 않았다. 소로도 내세의 구원보다는 현세의 구원에, 화려하게 금박을 입힌 내세의 구원보다는 비록 누추할망정 현세의 "작은 깨달음"에 더 큰 가치를 둔다.

술집은 교회에 필적할 만하다. 교회는 기도와 설교를 하는 곳이지만 술집은 그러한 것이 효과를 발휘하는 곳이다. 만약 후자가 훌륭하다면 전자도 나쁠 리가 없다. ―「땅주인」

자칫 불경스럽고 이단적으로 들릴 말로 소로의 종교관을 읽을 수 있는 대목이다. 보수적인 정통 기독교에서 악의 소굴로 여길 술집을 그는 교회에 맞먹는다고 말하고 있기 때문이다. 소로가 술을 마시는 것을 두둔하거나 장려하여 이렇게 말하는 것은 물론 아니다. 실제로 그는 술은커녕 커피조차 마시려고 하지 않았다. 다만 교회가 지나치게 구체적이고 실제적인 현세의 삶을 멀리한 채 초월적 내세만을 내세우는 것에 반발할 뿐이다.

인디언들 사이에서는 대지와 거기에서 나는 모든 물건은 공기와 물처럼 대체로 모든 부족이 자유롭게 사용할 수 있는 공동 재산이었다. 그러나 인디언들을 내쫓은 우리 사회에서는 일반 사람들은 기껏해야 작은 뜰이나 마을 한가운데의 공터, 그리고 그 옆의 공동묘지를 공동으로 사용하고 있을 뿐이다. 도로에서는 주인의 묵인 아래 정해진 좁은 길이나 걸어 다닐 권리를 갖고 있을 뿐이고, 그 길마저도 해마다 점점 더 좁아지고 있다. 우리 문명인들이 자연을 관리한다는 것은 바로 이런 식이다.

어떤 관례를 따른 것인지는 모르지만 나는 뉴잉글랜드 마을들을 계획한 우리 선조에게 존경과 감사가 우러나지 않는다. 비록 미숙하더라도 구(舊) 영국의 편견에서 벗어난 사람들이 신세계를 설계하는 쪽이 훨씬 더 나았을 것이라는 생각이 들기 때문이다. 만약 그들이 사람들이 흔히 주장하듯 이렇게 멀리까지 와서 '신앙의 자유'를 찾으려고 하였다면, 왜 값싸게 주변에 널려 있을 때 그 자유를 좀 더 많이 확보하지 않았던가? 예배당을 지으면서 동시에 왜 인간의 손으로 짓지 못할 훨씬 더 거대한 성전을 신성 모독과 파괴로부터 보존하지 못하였던가?
―「허클베리」

전통적인 기독교에 실망한 소로는 인디언들의 삶의 방식과 신념 체계에게서 그 대안을 찾는다. 원주민들은 오래전부터 원시 공동체의 생활 방식을 택하고 있었다. 대지는 공기나 물처럼 공동 재산이지 어느 한 개인이나 집단이 소유할 수 있는 것이 아니었다. 따지고 보면 소로의 자연관은 인디언들에게서 영향을 받은 바 무척 크다.

그러나 인디언들과는 달리 백인들은 땅을 소유의 대상으로 삼았고, 이러한 과정에서 자연은 훼손되지 않을 수 없었다. 미국의 인류학자요 환경론자인 그레고리 베이트슨은 기독교가 상업 자본주의와 손을 잡을 때 자연이 보존될 가능성은 눈덩어리가 지옥의 유황불 속에서 녹지 않을 가능성과 같다고 말한 적이 있다. 예배당보다 "더 거대한 성전"이란 바로 자연을 말한다. 소로에게 이 자연을 온전하게 보존하지 못하고 파괴한 것이야말로 신성 모독에 해당한다.

　필요하다면 신(神)을 그냥 내버려 두십시오. 만약 제가 그를 좀 더 사랑한다면, 저는 그를, 아니, 저 자신을 좀 더 적당한 거리에 둘 것입니다. 제가 신이 존재한다는 사실을 발견하는 것은 그를 만나러 갈 때가 아니라 뒤돌아서서 그냥 그를 내버려 둘 때이지요. '하나님' 하고 저는 말합니다. 그것이 과연 그의 이름인지 잘 모르겠습니다만, 제가 누구를 두고 말하는지 아마 당신은 아시겠지요.

　만약 잠시 동안 우리가 보잘것없는 우리 자신으로서 살아가고, 어떤 것에도 악의를 품지 않으며, 어떤 악도 깨닫지 않고, 오직 빛을 내뿜는 수정이 된다면, 정말 그렇다면 말이지요, 우리가 빛을 반사하지 못하는 것이 이 세상에 무엇이 있을까요! 우주는 얼마나 수정처럼 반짝이고 우리 주위에서 찬란한 빛을 내뿜을까요!

　당신은 살고 싶습니까, 아니면 미라로 남아 있겠습니까? 비록 햇빛에 걸터앉아 있다고 하여도 삶을 영위하겠습니까, 아니면 수천 년 동안 지하 무덤에서 편안히 휴식을 취하겠습니까? 전자의 경우 최악의 사건은 목을 부러뜨리는 것일 겁니다. 목을 구하기 위하여 당신의 마음을, 당신의 영혼을 파괴하겠습니까? 목과 곰방대는 어쩔 수 없이 부러지게 되어 있습니다. 인간은 어리석게도 삶(또는 영원이던가요?)에서 너무 많은 것을 요구하고 그 요구에 따라 살려고 애쓰며 야단법석을 피웁니다. 그것이야말로 한낱 헛수고에 지나지 않습니다. ─『서간집』

소로가 1850년 4월 3일에 해리슨 블레이크에게 보낸 편지의 한 구절이다. 소로에게 신은 마치 모자이크와 같다고 할 수 있다. 너무 가까이 다가가면 그 형체를 알아보기가 어렵고, 적당한 거리를 두고 떨어져 있어야만 제대로 그 모습을 헤아릴 수 있다. 소로는 신을 만나러 갈 때가 아니라 오히려 그를 만나고 돌아서 올 때 그의 존재를 느낀다고 밝힌다. 이 말을 뒤집어 보면 기독교를 믿는 문명인들은 지나치게 신과 가까이함으로써 그 본질을 놓쳐 버리고 만다는 것이 된다.

소로에게 내세를 지나치게 믿는 나머지 현세를 소중하게 생각하지 않는 것은 미라로 사는 것과 다름없다. 비록 썩지 않았을지 몰라도 미라는 한낱 시체에 지나지 않는다. 비록 누추하고 초라할망정 삶은 죽음보다 낫다. 『월든』에서도 그는 죽은 사자보다는 살아 있는 개가 더 낫다고 말한다.

내 직업은 언제나 자연 속에서 신을 발견하고, 신이 숨어 계신 장소를 찾아내며, 자연 속에서 모든 오라토리오와 오페라에 귀를 기울이는 일을 게을리 하지 않는 것이다. —『저널』

소로의 종교관을 한마디로 요약한다면 무신론보다는 범신론적이라는 말이 더 잘 어울릴 것이다. 그는 신의 존재 자체에 의문을 품지 않는다. 오히려 자연 현상 곳곳에서 신의 존재를 찾아낸다. 신이 자연 속에 "숨어" 있다고 생각하는 것이 흥미롭다. 자연 속의 "오라토리오와 오페라"란 신의 피조물인 온갖 새들의 노랫소리를 가리킨다. 그에게 자연은 인간의 손으로 세운 예배당보다 더 거룩한 성전이다.

동양 철학자들과 비교해 볼 때 현대 유럽은 아직껏 아무 철학자도 배출하지 못하였다. 「바가바드기타」의 그 광활하고 우주적인 철학과 비교하면 심지어 셰익스피어조차 때로는 미숙하고 실제적인 것으로 보일 뿐이다. …… 서구 세계는 아직 동양에서 운명적으로 받아야 할 빛을 모두 받지 않았기 때문에 "빛은 동방에서"라는 구절은 여전히 학자들의 모토가 될 것이다.

중국, 힌두, 페르시아, 헤브루 등 여러 나라의 경전이나 성스러운 글을 인류의 경전으로 한데 묶어 인쇄하는 것이 이 시대에 가치 있는 일일 것이다. 어쩌면 신약성서는 여전히 너무나 많이 사람들의 입술과 마음에 남아 있기 때문에 이러한 의미에서는 경전으로 부를 수 없을는지 모른다. 그렇게 경전들을 나란히 놓고 서로 비교하면 인간의 신앙을 해방하는 데 도움을 줄 것이다. 이러한 책이야말로 틀림없이 '시간'이 편집을 맡게 될 일로 인쇄기의 작업을 화려하게 장식할 것이다. 또한 이 책이야말로 선교사들이 땅 끝까지 들고 갈 성서, 다시 말해서 '책 중의 책'이 될 것이다. —『콩코드 강과 메리맥 강에서 보낸 일주일』

소로는 범신론적인 입장을 취할 뿐만 아니라 때로는 종교 다원주의의 입장을 취하기도 한다. 『메인 주의 숲』에서 "인디언에게는 한 계시가 주어졌고, 백인에게는 다른 계시가 주어졌다."라고 말한다. 바꾸어 말해서 원주민에게는 원주민의 종교가 따로 있는 반면, 백인에게는 백인의 종교가 따로 있다는 것이다. 이 두 종교 가운데에서 어느 쪽이 다른 쪽보다 더 훌륭하다고 말할 수 없다. '거룩한 자의 노래'를 뜻하는 「바가바드기타」를 동양의 대표적인 경전으로 여기는 소로는 서양은 아직도 동양에서 빛을 전수 받아야 한다고 주장한다.

이렇게 종교 다원주의를 내세우는 소로는 세계의 모든 종교의 경전을 하나로 묶어 "인류의 경전"으로 만들 원대한 꿈을 가지고 있었다. 기독교인들은 흔히 성서를 "책 중의 책"으로 간주한다. 그러나 소로는 세계 여러 나라의 종교의 경전을 집대성한 책이야말로 참다운 의미에서 "책 중의 책"이라고 생각한다. 이러한 종교 다원주의가 기독교 유일신 신앙의 입장에 정면으로 어긋남은 두말할 나위가 없다.

우리는 육체의 허기와 갈증은 얼마나 빨리 채워 줍니까. 그러면서도 영혼의 허기와 갈증을 채워 주는 데에는 그렇게도 늑장을 부리지 않아요. 참말이지 실제적인 사람이 되려고 하는 우리는 얼굴을 붉히지 않고서는 이 말을 사용할 수가 없습니다. 왜냐하면 이 영혼을 굶주리게 하여 거의 그림자처럼 만들어 놓은 우리의 배신행위 때문이지요. 마치 어떤 사람이 아무런 영혼도 없는 자신의 개에게 갑자기 애도를 늘어놓는 것처럼 얼토당토않다는 생각이 듭니다. 보통 사람이라면 1년 동안 날마다 삽질을 하여 자신의 육체나 집안 식구의 육체를 먹여 살릴 겁니다. 그러나 특별한 사람이라면 1년에 하루 온종일은 영혼을 먹여 살리기 위하여 일할 겁니다. 신을 섬기는 사람이라고 일컫는 목회자조차도 대부분은 육체를 위하여 일한다고 고백하지요. 그러나 여기에서 자신의 영혼을 유지하는 데 성공하는 사람이야말로 참으로 진취적이고 실질적인 사람입니다. 우리는 영생을 얻어야 하지 않나요? 오로지 그 이유 때문에 밥을 먹고 물을 마시고 잠을 자며 심지어 비가 올 때 우산을 가지고 다니는 것이 아닌가요? —『서간집』

    소로가 1853년 2월 27일에 해리슨 블레이크에게 보낸 편지의 한 구절이다. 제도화된 종교에 대한 소로의 비판이 여간 날카롭지 않다. 그러나 이 글에서 "영혼의 허기와 갈증"을 종교적 의미로만 받아들이는 것은 좁은 생각이다. 소로는 기독교에 귀의하여 이러한 갈증을 채우는 것에 대하여 아주 못마땅하게 생각하고 있기 때문이다. 그가 말하는 "영혼"이란 물질주의적인 것에 얽매이지 않은 모든 것, 곧 정신적인 것을 가리킨다. 소로는 교회나 성당에 나가지 않고서도 얼마든지 그러한 "영혼의 허기 갈증"을 해소할 수 있다고 생각한다.

어떤 사람은 붓다나 예수 그리스도나 스웨덴보리에 친근하게 가까이 다가갈 수 있다고 나는 믿는다. 그런데 붓다나 예수나 스웨덴보리는 자신들의 예배당에 울타리를 둘러치지 않고서도 존재한다. 예수의 아름답고 의미 있는 삶을 느끼기 위해서는 기독교인이 되지 않는 것이 필요하다. 어떤 사람들은 자신들이 믿는 예수를 붓다 옆에 나란히 놓는 것을 보고 나에 대하여 좋지 않게 생각할 것이라는 사실을 나는 잘 알고 있다. 그러나 나는 무엇보다도 사랑이 중요하다면 그들이 붓다보다는 예수를 더 좋아하리라고 확신하며, 나도 역시 그를 좋아한다. 그러나 기독교인들은 왜 아직도 그렇게 관대하지 못하고 미신적일까? 소박한 마음을 가진 선원들은 요나가 스스로 요구하는데도 그를 배 밖으로 내던지고 싶어하지 않았던 것이다. ─『콩코드 강과 메리맥 강에서 보낸 일주일』

몇 해 전 어느 신학 대학교의 교수가 예수 말고도 다른 신이 존재한다고 말하여 대학교와 교단에서 쫓겨난 일이 있었다. 포스트모더니즘의 세례를 받은 그 교수는 기독교의 유일신 신앙과는 어긋나게 종교 다원주의를 부르짖었다. 그런데 소로는 아직도 청교도주의가 큰 힘을 떨치고 있던 19세기 중엽에 일찍이 종교 다원주의를 외쳤다. 이 글을 비롯하여 곳곳에서 소로는 예수 외의 다른 신을 섬기는 것을 우상 숭

배라고 여기는 이 무렵 기독교를 날카롭게 비판하였다.

에마누엘 스베덴보리(1688~1772년)는 스웨덴 출신의 종교적 신비주의 철학자로 에머슨을 비롯한 초월주의자들이 존경하던 인물이다. 구원을 신의 은총에 따른 것으로 보는 마르틴 루터의 개신교 신학과는 달리 스베덴보리는 구원은 어디까지나 인간의 행위에 따라 이루어진다고 믿었다. 이러한 행위는 미사나 의식이 아니라 정신과 지성이 참여하는 전 인간적 행위이다. 마지막 문장에 나오는 요나는 구약성서 「요나서」에 나오는 헤브루의 예언자로 흔히 화(禍)나 불행을 가져오는 인물을 가리킨다.

정말이지 오늘날 기도를 드리고 안식일을 지키며 교회를 짓는 사람보다 더 불경스러운 사람은 없다. 남태평양의 고래잡이 선원이 그보다 더 참다운 교리를 설교한다. 교회는 인간 영혼을 치료하는 병원으로 그곳에는 육체를 치료하는 병원처럼 돌팔이 의사들로 가득 차 있다. 그곳에 입원해 있는 사람들은 요양소나 은퇴한 선원들의 휴양지에서 연금 생활자들처럼 살고 있다. 그곳에서는 햇볕이 따뜻하게 비치는 날 바깥에 종교적 절름발이들이 한 줄로 쭉 늘어서 있는 모습을 볼 수 있을 것이다. 언젠가는 그곳에서 방 하나를 차지하여야 할 것이라는 두려움 때문에 영혼이 강건한 사람이 유쾌한 노동을 하며 낙담하지 않도록 하라. 극단적인 어려움을 겪고 있는 환자들을 기억하면서 그곳을 자신의 목표로 바라보지 않도록 하라. 우리는 이러한 탑 숭배에 대하여 낙심한다. 그것은 마치 힌두교의 지하 성전에서 징을 두드리는 것과 같다. 어두운 장소와 지하 굴에서 설교자의 설교는 어쩌면 뿌리를 내려 자라게 되는지 모르지만, 내가 알고 있는 이 세상의 어느 곳에서도 밝은 대낮에는 뿌리를 내려 자라지 못할 것이다. 지금 이 강가에 부서지는 안식일의 먼 종소리는 즐거운 생각을 일깨워 주는 것이 아니라 오히려 우울하고 음울한 연상을 불러일으킬 뿐이다.
―『콩코드 강과 메리맥 강에서 보낸 일주일』

소로가 종교와 관련하여 말할 때마다 그에게서는 불경이나 신성 모독의 냄새를 짙게 풍긴다. 다른 글도 마찬가지이지만 특히 이 글에서 기독교에 대한 비판은 비수처럼 날카롭다. 이 무렵의 기독교 교리에서 보자면 그는 이단자임에 틀림없다. 19세기 중엽에 살았기 망정이지 만약 그가 중세에 살았더라면 그는 장작더미 위에서 화형을 당하였을 것이다.

교회를 영혼의 병을 치료하는 병원으로 보는 소로는 육체의 질병을 치료하는 일반 병원처럼 영혼을 치료하는 교회에도 돌팔이 의사들로 우글거린다고 밝힌다. 교회에는 "돌팔이 의사들"만이 붐비는 것이 아니라 "종교적 절름발이들"로도 붐빈다는 것이다. "돌팔이 의사들"이란 참다운 의미에서 신의 사도(使徒) 역할을 제대로 하지 못하는 사이비 목회자를 가리키고, 종교적 절름발이들이란 이러한 목회자 밑에서 영적(靈的)으로 구원을 받지 못한 신도를 가리킨다.

알맹이에서 겉껍질을 가려낼 때 거의 대부분의 사람들은 겉껍질을 좇아 그것에만 관심을 기울인다. 이 세상에서 그렇게 소문이 나고 널리 퍼져 있는 것은 오직 기독교의 겉껍질뿐이다. 알맹이는 여전히 모든 것 가운데에서 가장 작고 보기 드문 것이다. 그 알맹이 위에 세워져 있는 교회가 단 하나도 없다. 좀 더 높은 법칙에 따른다는 것은 일반적으로 보잘것없는 것을 맨 마지막으로 보여 준다는 것을 뜻한다. —「야생 사과」

소로는 오늘날의 기독교가 알맹이가 아닌 겉껍질에 지나지 않는다고 한탄한다. 지나치게 인위적인 제도로 굳어져 버린 까닭이다. 소로가 해리슨 블레이크에게 보낸 한 편지에서 신과 일정한 거리를 유지하고 싶다고 말하는 것도 바로 그러한 이유 때문이다. "좀 더 높은 법"이란 인간이 만든 사회법이 아닌 자연의 법, 즉 자연의 순리에 따른 법이다. 소로에게는 사회법보다는 자연법이 좀 더 높은 자리를 차지한다.

헨리 데이비드 소로(1817~1862년)

소로 연보

1817년   7월 12일, 미국 매사추세츠 주 콩코드 출생 (누나 헬렌, 형 존, 여동생 소피아)

1833년   콩코드 아카데미 졸업, 하버드 대학교 입학. 라틴 어·그리스 어 같은 고전어와 독일어·프랑스 어 등의 현대어를 공부하면서 서양과 동양의 고전을 많이 읽었다.

1834년   랠프 월도 에머슨, 콩코드 이주.

1837년   에머슨을 처음 만나 교분을 맺기 시작하다. 에머슨의 권유로 저널을 기록하기 시작하다. 하버드 대학교를 졸업하다. 콩코드에 있는 공립 학교 센터 스쿨에 교사로 취직하지만 곧 그만두고 부친을 도와 가업인 연필 공장에서 일하다.

1838년   캐나다의 접경 지역인 메인 주를 처음 방문하다. 콩코드 문화 회관에서 처음으로 강연하다. 형 존과 함께 콩코드에서 사립 아카데미를 설립하여 운영하다.

1839년   인근 마을에 사는 친구의 여동생 엘렌 수얼에게 연정을 품다. 형과 함께 보트를 타고 콩코드 강과 메리맥 강을 여행을 하다.

1840년   에머슨이 편집하는 잡지 《다이얼》에 시와 수필을 기고하기 시작하다. 엘렌 수얼에게 청혼하지만 거절당하다.

1841년   형 존의 건강이 좋지 않고 소로 자신이 흥미를 잃게 되어 아카데미의 문을 닫다. 에머슨의 집에 관리인 노릇을 하다.

1842년 형 존이 파상풍으로 사망하다. 너대니얼 호손이 콩코드로 이사 오다. 「매사추세츠 주의 자연사」를 《다이얼》에 발표하다.

1843년 뉴욕 주의 스테이튼 아일랜드에 있는 에머슨의 형의 집에서 가정교사로 8개월 동안 일하다. 윌리엄 엘러리 채닝이 콩코드로 이사 오다. 수필 「겨울 산책」을 《다이얼》에 싣다.

1844년 친구 한 사람과 콩코드 강가에서 낚시를 한 뒤 물고기를 굽다가 산불을 내 120만 제곱미터의 숲을 태우다.

1845년 3월말부터 월든 호숫가에 통나무로 오두막집을 짓기 시작하다. 7월 4일, 오두막집에 입주하다. 이때부터 집필에 몰두하기 시작하다.

1846년 토머스 칼라일에 대하여 콩코드 문화 회관에서 강연하다. 인두세를 납부하지 않아 감옥에 수감되지만 에머슨의 납부로 이튿날 풀려나다. 메인 주의 산악 지대로 2주에 걸쳐 캠핑 여행을 하다.

1847년 9월, 월든 호숫가 오두막집 생활을 끝내다. 유럽 여행을 떠나는 에머슨의 집에서 관리인으로 들어가다.

1848년 1월, 감옥에 수감된 사건에 대하여 콩코드 문화 회관에서 강연하다. 에머슨의 집에서 나온 뒤 측량 일을 시작하다. 11월, 세일럼에서 강연하다.

1849년 호손의 처제인 엘리자베스 피바디의 요청으로 수감 사건에 대한 연설문을 수정하여 《미학》에 싣다. 처음에는 「시민 정부에 대한 저항」이라는 제목으로 발표되었지만, 소로의 사후 「시민 불복종」이라는 제목으로 고쳐졌다. 자비로 『콩코드 강과 메리맥 강에서 보낸 일주일』을 출간하다. 누나 헬렌이 폐결핵으로 사망하다.

1850년 측량 일을 계속하다. 6월, 케이프 코드를 두 번째로 여행하다. 7월, 콩코드 출신의 문인 마거릿 풀러를 태운 여객선이 뉴욕 항 근처에서 좌초되고, 에머슨의 요청으로 그녀의 시체로 찾으러 파이어 아일랜드에 가다. 친구인 윌리엄 엘러리 채닝과 함께 캐나다 여행을 하다.

1851년 측량 일과 강연을 계속하다. 『월든』의 교정 작업을 하다. 도망 노예를 캐나다로 갈 수 있도록 도와 주다.

1852년 『월든』의 원고를 계속하여 수정하고 보완하다. 보트를 장만하여 월든 호수에서 자주 배를 타다.

1853년 「캐나다의 양키」의 일부분을 《퍼트넘》에 발표하다. 메인 주의 숲을 다시 방문하다.

1854년 7월, 노예 폐지론자 집회에서 「매사추세츠 주의 노예 제도」라는 제목으로 강연하다. 8월 9일, 『월든』이 보스턴의 티크노어 앤 필즈 출판사에 의하여 출간되다.

1855년 「케이프 코드」의 일부를 《퍼트넘》에 발표하다. 이때부터 소로의 건강이 나빠지기 시작하다.

1856년 뉴욕의 브루클린에서 시인 월트 휘트먼을 만나 그로부터 깊은 인상을 받다.

1857년 케이프 코드와 메인 주를 다시 방문하다. 콩코드에서 노예해방 운동가인 존 브라운을 만나다.

1858년 뉴햄프셔 주 화이트 마운틴과 모내드녹 마운틴을 여행하다.

1859년 아버지가 사망하다. 가업인 연필 제조업에 더 많은 시간을 할애하다. 존 브라운이 콩코드를 방문하다. 「원칙 없는 삶」이라는 제목으로 보스턴에서 강연하다. 12월 2일, 브라운이 처형된 날 「존 브라운 대위를 위한 탄원」이라는 제목으로 콩코드에서 강연하다.

1860년　채닝과 함께 모내드녹 마운틴을 여행하며 야영하다. 「야생 사과」라는 제목으로 강연하다. 「존 브라운의 마지막 날들」을 《해방자》에 발표하다. 12월, 독감에 걸린 뒤 곧 기관지염으로 악화되다. 소로는 1838년 이후 모두 75회에 걸쳐 강연을 하였다.

1861년　폐결핵 진단을 받다. 5월부터 7월까지 요양차 친구와 함께 미네소타 주로 가지만 나아지지 않자 다시 콩코드로 돌아오다. 11월 3일, 1837년부터 거의 매일 기록하던 저널을 마지막으로 기록하다.

1862년　「가을의 빛깔」을 《애틀랜틱》에 기고하다. 5월 6일, 콩코드에서 사망하여 슬리피 할로우 공원 묘지에 묻히다.

참고 문헌

Thoreau, Henry David. *The Correspondence of Henry David Thoreau*. Edited by Walter Harding and Carl Bode. New York: New York University Press, 1958.

———. *Cape Cod*. Edited by Joseph J. Moldenhauer. Princeton: Princeton University Press, 1988.

———. *Early Essays and Miscellanies*. Edited by Carl Havde, et al. Princeton: Princeton University Press, 1980.

———. *The Essays of Henry D. Thoreau*. Edited by Lewis Hyde. New York: North Point Press, 2002.

———. *Faith in a Seed: The Dispersion of Seeds and Other Late Natural History Writing*. Edited by Bradley P. Dean. Washington, D. C.: Island Books, 1993.

———. *The Heart of Thoreau's Journals*. Edited by Odell Shepard. New York: Dover Publications, 1961.

———. *Journal*. Edited by John B. Broderick, Robert Sattlelmeyer, et al. Princeton: Princeton University Press, 1981.

———. *The Main Woods*. Edited by Joseph J. Moldenhauer. Princeton: Princeton University Press, 1972.

———. *The Natural Man*. Compiled by Robert Epstein and Sherry Phillips. Wheaton: Quest Books, 1978.

———. *The Reform Papers*. Edited by Wendell Glick. Princeton: Princeton University Press, 1973.

———. *Simplify, Simplify and Other Quotations from Henry David Thoreau*. Edited by K. P. Van Anglen. New York: Columbia University Press, 1996.

———. *Thoreau in the Mountains*. Edited by William Howarth. New York: Farrar, Straus, and Giroux, 1982.

———. *Thoreau on Birds*. Edited by Francis H. Allen. Boston: Beacon Press, 1993.

———. *Uncommon Learning: Thoreau on Education*. Edited by J. Parker Huber. Boston: Beacon Press, 1993.

———. *Walden*. Edited by J. Lyndon Shanley. Princeton: Princeton University Press, 2004.

———. *Walden and Resistance to Civil Government*. 2nd ed. Edited by William Rossi. New York: Norton, 1992.

———. *A Writer's Journal*. Edited by Laurence Stapleton. New York: Dover Publications, 1960.

———. *A Year in Thoreau's Journal: 1851*. Edited by H. Daniel Peck. New York: Penguin, 1993.

———. *Letters to a Spiritual Seeker*. Edited by Bradley P. Dean. New York: Norton, 2004.

소로의 속삭임
내가 자연을 사랑하는 이유

1판 1쇄 펴냄 2008년 3월 7일
1판 5쇄 펴냄 2017년 11월 3일

지은이 헨리 데이비드 소로
옮기고 엮은이 김욱동
펴낸이 박상준
펴낸곳 (주)사이언스북스

출판등록 1997. 3. 24.(제16-1444호)
(06027) 서울특별시 강남구 도산대로1길 62
대표전화 515-2000, 팩시밀리 515-2007
편집부 517-4263, 팩시밀리 514-2329
www.sciencebooks.co.kr

ⓒ 김욱동, 2008. Printed in Seoul, Korea.
ISBN 978-89-8371-537-1 04840
ISBN 978-89-8371-525-8 (세트)